Übungen zur Transaktionsanalyse

Windmühle
GmbH
Verlag und Vertrieb von Medien

ROLF RÜTTINGER · REINHOLD KRUPPA

# Übungen zur Transaktionsanalyse

PRAXIS DER TRANSAKTIONSANALYSE
IN BERUF UND ORGANISATIONEN

Windmühle GmbH Verlag und Vertrieb von Medien

CIP-Kurztitelaufnahme der Deutschen Bibliothek

**Rüttinger, Rolf:**
Übungen zur Transaktionsanalyse : Praxis d.
Transaktionsanalyse in Beruf u. Organisationen / Rolf
Rüttinger. - Hamburg : Windmühle, Verl. u. Vertrieb von
Medien, 1988
 ISBN 3-922789-29-3

1. Auflage 1988
Alle Rechte vorbehalten
©1988 Windmühle GmbH - Verlag und Vertrieb von Medien - Hamburg
Printed in Germany
ISBN 3-922789-29-3

# Inhaltsverzeichnis
Seite

| | |
|---|---|
| Vorwort | 7 |
| Zum Anfang | 9 |
| Einleitung | 11 |
| Übungen zum Seminarbeginn | 21 |
| Übungen zu Ich-Zuständen | 31 |
| Übungen zu Rollen-Skript/Elternbotschaften | 85 |
| Übungen zum Inneren Dialog | 125 |
| Übungen zu Transaktionen | 139 |
| Übungen zu psychologischen Spielen | 165 |
| Übungen zu Rabattmarken | 187 |
| Übungen zur Zeitstrukturierung | 199 |
| Übungen zu den Lebenspositionen | 243 |
| Muster für Änderungsverträge | 261 |
| Register | 265 |

# Vorwort

Die "Übungen zur Transaktionsanalyse" haben bereits eine bewegte Geschichte hinter sich. 1981 erschienen sie erstmals in sehr aufwendiger Form unter dem Titel "TA-Manual", verschwanden jedoch bald wieder vom Buchmarkt. Zu den Gründen dafür - um dem geneigten Leser eine längere Opfer-Arie zu ersparen - nur soviel: Es hat nichts mit den Autoren zu tun.

Nachdem die Transaktionsanalyse (TA) seit fast 15 Jahren im berufsbezogenen Verhaltenstraining eingesetzt wird, erscheint eine kurze Zwischenbilanz angebracht, zumal sich die Entwicklungen im Ursprungsland der TA und im deutschsprachigen Raum deutlich voneinander unterscheiden.

In den USA spielt TA heute kaum mehr eine Rolle. Dazu beigetragen haben "Gurus", die die TA zur eigenen Selbstdarstellung mißbrauchten, aber auch "TA-Cowboys", die, ohne diese Methode der humanistischen Psychologie verstanden zu haben, damit versuchten, einen "schnellen Dollar" zu machen. Nach dem Motto "Back to the basics" dominieren heute in den USA weitgehend Seminare, die, einer behavioristischen Tradition folgend, sehr direkt auf das Training arbeitsplatzrelevanter Verhaltensweisen ausgerichtet sind.

In Deutschland verlief die Entwicklung anders. Hier gehört die TA mittlerweile zu den etablierten psychologischen Methoden. Selbst in Unternehmen, die ob ihrer traditionsorientierten Kultur eher davor zurückschrecken, in betrieblichen Seminaren "ins Persönliche" zu gehen, findet man heute Ansätze in Richtung TA. Zurückzuführen ist dieser gute Ruf der TA wohl auch darauf, daß mit der TA qualifizierte und verantwortungsbewußte Trainer arbeiten.

Die vorliegenden "Übungen zur Transaktionsanalyse" sollen dabei helfen, den Spaß und die Freude an und mit dieser Methode zu erhalten, die über die Jahre hinweg, wie wir aus eigener Erfahrung wissen, nichts von ihrer Faszination verloren hat.

Pullach im Isartal, September 1988

Rolf Rüttinger
Reinhold Kruppa

# Zum Anfang:

Die Parabel vom Adler....
Einst fand ein Mann einen jungen Adler. Er nahm ihn mit nach Hause auf seinen Hühnerhof, wo der Adler bald lernte, Hühnerfutter zu fressen und sich wie ein Huhn zu verhalten.

Eines Tages kam ein Zoologe des Weges und fragte den Besitzer, warum er einen Adler, den König aller Vögel, zu einem Leben auf dem Hühnerhof zwinge. Da meinte der Eigentümer: "Da ich ihm Hühnerfutter gegeben habe und ihn gelehrt habe, ein Huhn zu sein, hat er nie das Fliegen gelernt. Er verhält sich genau wie ein Huhn, also ist er kein Adler mehr." "Trotzdem", meinte der Zoologe, "hat er das Herz eines Adlers und kann das Fliegen sicher lernen."

Die beiden Männer kamen überein, diese Sache näher zu ergründen. Behutsam nahm der Zoologe den Adler in die Arme und sagte: "Du gehörst den Lüften, nicht der Erde. Breite deine Flügel aus und fliege." Doch der Adler war verwirrt; er wußte nicht, wer er war, und als er sah, wie die Hühner Körner pickten, sprang er hinab, um wieder zu ihnen zu gehören.

Unverzagt nahm der Zoologe den Adler am nächsten Tag mit auf das Dach des Hauses und drängte ihn wieder: "Du bist ein Adler. Breite deine Flügel aus und fliege." Doch der Adler fürchtete sich vor seinem unbekannten Selbst und sprang wieder hinunter zu dem Hühnerfutter. Am dritten Tag machte sich der Zoologe früh auf und nahm den Adler aus dem Hühnerhof mit auf einen hohen Berg. Dort hielt er den König der Vögel hoch in die Luft und ermunterte ihn wieder zu fliegen. Der Adler schaute sich um, sah zurück zum Hühnerhof und hinauf zum Himmel. Noch immer flog er nicht. Da hielt ihn der Zoologe direkt gegen die Sonne, und da geschah es, daß der Adler zu zittern begann und langsam seine Flügel ausbreitete. Endlich schwang er sich mit einem triumphierenden Schrei gen Himmel.

Es mag sein, daß der Adler vielleicht noch ein wenig Heimweh hat, wenn er an die Hühner denkt; doch soweit irgend jemand weiß, ist er nie zurückgekehrt und hat das Leben eines Huhnes wieder aufgenommen. Er war ein Adler, obwohl er wie ein Huhn gehalten und gezähmt worden war.

von James Aggrey. In: Peggy Rutherford (Hrsg.): African Voices.
New York, The Vanguard Press 1960

# Einleitung

**Warum dieses Buch?**

Sich als Trainer darüber zu informieren, "was" die Transaktionsanalyse(TA) ist, stellt heute kein Problem mehr dar. Es gibt dazu auf dem deutschen Büchermarkt mindestens zehn einschlägige Veröffentlichungen.

Anders sieht es bei der Frage aus, "wie" mit TA im Training gearbeitet werden kann. Darüber existiert bei uns im Gegensatz zu den USA sehr wenig. Das vorliegende Buch soll helfen, diese Lücke zu schließen. Daher sind die theoretischen Ausführungen bewußt sehr knapp gehalten, während praktische Übungen einen sehr breiten Raum einnehmen. Bei der Zusammenstellung der Übungen konnten wir zurückgreifen auf

- eine Reihe von Eigenentwicklungen unseres Teams,
- Übungen, die wir auf internationalen TA-Kongressen in San Francisco, Aix-en-Provence, Brighton und Oakland selbst miterlebt haben,
- eine reichhaltige amerikanische Literatur, die zu einem erheblichen Teil nur "Insidern" zugänglich ist.

Bei der Auswahl der Übungen waren für uns folgende Kriterien maßgebend:

- klare Zielsetzung,
- Möglichkeit zur Selbsterfahrung,
- "O.K.-Übungen", das heißt, keine Übungen, mit denen Teilnehmer in die Irre geführt werden, um ihnen anschließend etwas beweisen zu können.

Letztlich basiert dieses Buch auf den Erfahrungen, die wir in den vergangenen fünf Jahren in der betrieblichen Trainingspraxis sammeln konnten.

## Was ist Transaktionsanalyse?

TA ist eine Theorie der Persönlichkeit, die menschliches Verhalten leicht verständlich erklärt. Modelle wie die Ich-Zustände, Transaktionen usw. laden dazu ein, eigenes und fremdes Verhalten zu orten und zu analysieren. Diese Analyse beschränkt sich aber nicht nur auf das äußerlich wahrnehmbare Verhalten, sondern befaßt sich vor allem auch mit den Hintergründen des Verhaltens. In diesem Zusammenhang ergeben sich Fragen wie:

- Welche sich ständig wiederholenden Verhaltensmuster sind erkennbar?
- Was möchte der Betreffende damit tatsächlich erreichen?
- Welche Normen, Prinzipien, Annahmen, Vorstellungen, Phantasien und fixen Ideen bestimmen in möglicherweise vorbewußter Weise sein Verhalten?
- Wie sabotiert er sich selbst?

Trotz des Begriffs "Analyse" im Namen ist die TA eine Methode, bewußte Veränderungen im Erleben und Verhalten herbeizuführen. Dahinter steht folgende Änderungsstrategie:

- Bewußtes Erleben eigener Einstellungen und Gefühle und der sich daraus ergebenden Verhaltensmuster
- Zunehmendes Erkennen, welche Verhaltensmuster zu unproduktiven Ergebnissen führen
- Entwicklung von Alternativen
- Wachsende Autonomie im Umgang mit sich selbst und anderen.

## Was ist Transaktionsanalyse nicht?

- TA ist kein Instrument zum Manipulieren anderer.
- TA macht bewußt, wie leicht man durch sich selbst und von anderen manipuliert werden kann.

- TA ist keine Technik, die rezepthaft, ohne Auseinandersetzung mit sich selbst, angewendet werden kann.
- TA ist nicht so leicht umzusetzen, wie sie zu verstehen ist, denn "TA is simple but not easy".

**Welche Ziele verfolgt die Transaktionsanalyse?**

Ziel der TA ist es, daß der Mensch in all seinen Aktionsfeldern, sei es zu Hause oder im Beruf, ein größtmögliches Maß an Autonomie erreicht. Er lernt, selbständig zu denken, zu fühlen und zu handeln, daß er Vertrauen in sich selbst und andere hat, daß er solide und vernünftige Entscheidungen treffen kann, seine Gefühle, die er im Hier und Jetzt gegen sich und andere hegt, äußert und sein Potential an inneren und äußeren Möglichkeiten so weit als möglich ausschöpft.

Einfacher ausgedrückt hat die TA zum Ziel, zu erkennen, wann wir uns selbst im Wege stehen, um daraus sinnvolle Konsequenzen zu ziehen. Nach Berne führt die Freisetzung von Bewußtheit, Spontaneität und offenem Menschsein zu echter Selbständigkeit und Autonomie.

Diese Ziele lassen sich natürlich auch in angemessener Weise für die konkrete Berufspraxis umsetzen. Ein gangbarer Weg hierfür sind Seminare mit mehr spontaner Herzlichkeit und weniger "mindfucking", mit mehr praktischen Übungen und weniger unpraktischen Trainermonologen. In diesem Sinne verstanden, kann die Transaktionsanalyse eine adäquate Lebenshilfe, auch im Beruf, darstellen.

**Wo ist die Transaktionsanalyse einsetzbar?**

Wie aus den Zielen bereits hervorgeht, sind Grenzen in der Umsetzung der TA im beruflichen und organisatorischen Umfeld kaum zu erkennen. TA ist primär auf das Individuum orientiert. TA ist bei allen Themen, die im weitesten Sinne etwas mit Selbstverwirklichung, Kommunikation, betrieblicher Kooperation, Führung und Verkauf, aber auch mit Organisationsentwicklung zu tun haben, gut einsetzbar. Mit anderen Worten, überall, wo es um die bewußte Wahrnehmung und Veränderung von Sachverhalten geht, überall, wo sich Menschen über Ziele klar werden müssen und vernünftige, plausible Entscheidungen zu treffen haben, ist TA eine schnell einsehbare und leicht nachvollziehbare Denkstruktur.

Mit den folgenden gängigen Managementtheorien und Modellen ist die Transaktionsanalyse sehr gut verknüpfbar:

- X und Y-Theorie nach McGregor,

- Bedürfnishierarchie nach Maslow,

- Zwei-Faktoren-Theorie nach Herzberg,

- Verhaltensgitter nach Blake/Mouton,

- Führungstheorie nach Hersey/Blanchard,

- Systemtheorie nach Rensis Likert,

- Management by Objectives,

um aus dem großen Spektrum einige wichtige herauszugreifen.

Unter mehr therapeutischen Gesichtspunkten läßt sich TA mit den folgenden psychologischen Richtungen und Schulen besonders gut kombinieren:

- Gestalt-Therapie

- Themenzentrierte Interaktion

- Rational-emotive Therapie

**Wie kann man mit der Transaktionsanalyse trainieren?**

Erfolgreiches Arbeiten mit TA setzt voraus, daß der Trainer durch sein unmittelbares Verhalten seinen Teilnehmern zeigen kann, daß er für sich persönlich schon einiges umgesetzt hat, was TA zu vermitteln versucht.

Ein Trainer zum Beispiel, der in seinem Verhalten zwischen dem kritischen Eltern-Ich und dem angepaßten Kind hin- und herschwankt, der psychologische Spiele anzettelt oder auf von Teilnehmern angebotene Spiele hereinfällt, der häufig mit verdeckten Transaktionen arbeitet oder Rabattmarken sammelt, ohne rechtzeitig etwas dagegen zu unternehmen, bringt sich in offenen Widerspruch zu dem, was er wahrscheinlich verbal von sich gibt.

Bedingt durch die eingängigen Erklärungsmodelle der TA werden Teilnehmer darüber hinaus schnell in die Lage versetzt, Verhalten zu analysieren - und sei es vorderhand einmal das Verhalten des Trainers.

Als grobe Richtschnur möchten wir Ihnen einige Kriterien anbieten, die im angloamerikanischen Sprachgebrauch als die drei P's bezeichnet werden, was für "potency", "permission" und "protection" steht:

- "potency"

  Am ehesten mit fachlicher und menschlicher Kompetenz übersetzt bedeutet "potency" nicht, daß der Trainer alles über TA weiß, was heute, nach einer 30-jährigen Entwicklung, sowieso nicht mehr möglich ist. "Potency" hat vielmehr damit etwas zu tun, daß der Trainer:

  - mit einem bewußten Ziel arbeitet;
  - eine klare Vorstellung darüber hat, was er durch das, was er sagt oder durch die Übungen, die er einsetzt, erreichen will;
  - wesentliche Inhalte der TA verständlich vermitteln kann;
  - psychologische Spiele, die während des Trainings auftreten, beenden kann;
  - ein Gespür dafür hat, wo seine Verantwortung für einen Teilnehmer aufhört und wo die Verantwortung des Teilnehmers für sich selbst anfängt.

- "permission"

  Ein Trainer kann durch sein Verhalten oder durch die Konzeption seines Trainings den Teilnehmern "erlauben", sich wohl zu fühlen und so zu sein, wie sie sind. Diese Erlaubnis kann sowohl verbal als auch non-verbal gegeben werden.

Im einzelnen kann das bedeuten:

- Teilnehmern zuhören und auf ihre Probleme und Wünsche eingehen,
- Zeitdruck vermeiden,
- Teilnehmer fragen, was sie gerne machen würden.

- "protection"

Eine dritte, sehr wesentliche Trainerqualität ist es, den Teilnehmern Sicherheit und Schutz vor ungerechtfertigten persönlichen Angriffen und Bloßstellungen zu gewähren. Im einzelnen heißt das:

- Kein Teilnehmer kann zu etwas gezwungen werden, zum Beispiel zu bestimmten Übungen, Rollenspielen, Äußerungen u. ä.
- Gelegentlich muß ein Teilnehmer vor sich selbst geschützt werden, nämlich dann, wenn er sich selbst ohne Not bloßstellt.
- Gehemmte und ängstliche Teilnehmer sollten nicht im Abseits stehen gelassen werden. Ganz im Gegenteil kann sie der Trainer spüren lassen, daß sie okay sind und ihr Beitrag für die Gruppe wichtig ist.
- Sofern nichts anderes vereinbart ist, kann der Trainer in die Lage kommen, die Gruppe vor einem einzelnen Teilnehmer zu schützen, wenn er beginnt, durch sein Verhalten (zum Beispiel "Dauerredner") andere in ihrem Handlungsspielraum zu beeinträchtigen und zu stören.
- "Protection" bedeutet aber nicht, daß der Trainer in eine Retterrolle geht, wozu viele Menschen in diesem Beruf von Natur aus neigen.

Die Grenzen zwischen Training und Therapie sind in unseren Augen eher fließend. Eine wichtige Rolle spielt dabei wohl auch, inwieweit eine Person, die mit Menschen in einer Gruppe arbeiten möchte und sich dabei der Methode der Transaktionsanalyse bedient, über entsprechende Kompetenzen verfügt.

**Wie ist dieses Buch aufgebaut und wie können Sie damit arbeiten?**

Als Sammlung von Übungen erhebt dieses Buch nicht den Anspruch auf Vollständigkeit. Die ausgewählten Themenbereiche entsprechen den klassischen Konzepten der Transaktionsanalyse mit Ausnahme der vorgeschalteten Übungen zum Seminarbeginn.
Die Reihenfolge der Themenbereiche wurde so festgelegt, daß sie der gängigen Konzeption von TA-Seminaren entspricht und Ihnen bei Ihrer Arbeit als Gerüst dienen könnte. Die Themenbereiche bauen sich logisch aufeinander auf.

Für die Übungen selbst wurde ein einheitlicher Raster gewählt, welcher dem Trainer vorab wichtige Informationen über Themenbereich, Ziel, Übungstyp, Zeitdauer, Hilfsmittel und einige spezielle Hinweise zum "handling" liefert. Die Übungen werden dann in ihrem Ablauf oder in Form einer direkten Anweisung beschrieben. Nach den jeweiligen Übungsbeschreibungen und den Angaben zum "handling" finden sich Hinweise auf ähnlich geartete Übungen innerhalb des übergeordneten Themenbereiches.

Wie oben bereits erwähnt, finden Sie zu bestimmten Übungen Hinweise für die Verwendung von Materialien. In jedem Fall bleibt es natürlich Ihnen überlassen, alle Übungen für Ihre speziellen Zwecke, Zielgruppen etc. und entsprechend Ihren Erfahrungen zu modifizieren.

Die Zeitangaben zu den einzelnen Übungen sind in der Regel eher großzügig bemessen. Auch hier werden sich entsprechend Ihren individuellen Erfahrungen bestimmte Richtwerte einpendeln.

Die Informationen an den Trainer ("handling") enthalten schwerpunktmäßig Anregungen für die Metakommunikation, das heißt für die jeweilige Diskussion hinterher oder den allgemeinen Erfahrungsaustausch unter den Teilnehmern.

Beispiele für Diskussionsfragen wurden von uns lediglich als Orientierungshilfe verstanden. Wir sind überzeugt, daß Sie zu manchen Übungen eigene und bessere Ideen haben.

Indem Sie diejenigen Übungen, die als Einzelarbeit gekennzeichnet sind, zunächst einmal für sich selbst machen, werden Sie eine Menge über sich erfahren, was Ihnen schließlich im Umgang mit Trainingsteilnehmern zugute kommen wird. Auf Übungen, bei denen Sie sich selbst nicht wohl fühlen, sollten Sie ruhigen Gewissens verzichten.

Einige Übungen sind durchaus auch für die Durchführung innerhalb eines therapeutischen Rahmens geeignet, wobei in diesen Fällen therapeutisches Fachwissen vom Trainer vorausgesetzt werden muß.

In erster Linie aber ist dieses Buch sowohl für externe als auch interne Trainer gedacht, die in den Bereichen Führung, Kommunikation, Kooperation, Verkauf, Personal- und Organisationsentwicklung tätig sind. Wir hoffen darüber hinaus, daß es auch bei interessierten Fachleuten und Laien Anklang findet.

Abschließend noch einige technische Anmerkungen:

- In den Übungsbögen sind teilweise Freiräume für die Beantwortung eingearbeitet, sodaß Sie diese aus dem Buch heraus vergrößert übernehmen könnten. Bei komplexeren Fragestellungen haben wir jedoch auf diese Freiräume verzichtet, um das Buch nicht künstlich aufzublähen.
- Die Pünktchen "..." bei Phantasiereisen und Übungen stehen für Pausen, die lang genug sein sollten, daß der Seminarteilnehmer das Bild in sich entstehen lassen kann.
- Abkürzungen für Ich-Zustände haben wir einheitlich so gewählt:
  El-Ich steht für Eltern-Ich
  Er-Ich steht für Erwachsenen-Ich
  K-Ich  steht für Kindheits-Ich

- Neben dem natürlichen und dem angepaßten Kindheits-Ich wird häufig noch eine dritte Variante des Kindheits-Ichs explizit unterschieden: der "kleine Professor". Da die Verhaltensweisen, die dem kleinen Professor zugeschrieben werden (pfiffig, intuitiv, manipulativ, kreativ etc.) auch den Verhaltensweisen eines natürlichen und aufgeweckten Kindes entsprechen, haben wir auf eine bewußte Abhebung des kleinen Professors bei der Darstellung des Kindheits-Ichs verzichtet und diesen dem natürlichen Kind zugeordnet.

Wir wünschen sowohl beim Lesen als auch beim praktischen Arbeiten mit den Übungen zur Transaktionsanalyse viel Freude und neue Einsichten.

# Übungen zum Seminarbeginn

| Übung | Seite |
|---|---|
| 1. Steckbrief | 23 |
| 2. Vorstellung in Ich-Form | 24 |
| 3. Normen für Seminarteilnehmer | 25 |
| 4. Meine fünf wichtigsten Erwartungen | 26 |
| 5. Was möchten Sie lernen | 27 |
| 6. Namen langsam aufschreiben | 28 |
| 7. Spiegelbild | 29 |

Die Übungen zum Seminarbeginn sind nach folgenden Kriterien geordnet:

- Vorstellung

- Klärung der Erwartungshaltung

- Erhöhung der Sensibilität und Wahrnehmung

Der entsprechende Vermerk findet sich auf jedem Übungsblatt rechts oben.

# Steckbrief

Vorstellung

| | |
|---|---|
| **Zielsetzung:** | Gemeinsames Vorstellen<br>Gegenseitiges Kennenlernen<br>Auflockerung der Gruppe |
| **Übungstyp:** | Einzelarbeit, Vorstellung im Plenum |
| **Dauer:** | Variabel, je nach Teilnehmerzahl |
| **Hilfsmittel:** | Flip-Chart-Bögen und Filzstifte |
| **Ablauf:** | Nachdem jeder Teilnehmer Stift und Papier erhalten hat, gestaltet er seinen individuellen Steckbrief.<br><br>Welche Informationen oder persönlichen Daten gegeben werden, ob zur eigenen Lebenssituation, zum eigenen Interesse an der Veranstaltung, ein Lebensmotto oder vielleicht sogar das Tierkreiszeichen, bleibt dem einzelnen Teilnehmer freigestellt, je nachdem, wieviel er bereit ist, von sich selbst zu zeigen.<br><br>Wenn alle fertig sind, versammeln sich die Teilnehmer wieder im Plenum, und einer nach dem anderen stellt sein Plakat vor. |
| **Handling:** | Der Trainer sollte ebenfalls einen Steckbrief von sich selbst vorbereiten und diesen präsentieren. Er dokumentiert damit, daß er sich als Teil der Gruppe betrachtet.<br><br>Die einzelnen Vorstellungsbögen sollen für alle gut sichtbar im Seminarraum aufgehängt werden. |
| **Verwandte Übungen:** | Keine |

# Vorstellung in der Ich-Form

Vorstellung

|  |  |
|---|---|
| **Zielsetzung:** | Gegenseitiges Kennenlernen<br>Sich in den Gesprächspartner hineinversetzen<br>Erkennen, was auf der Sach- und Beziehungsebene läuft<br>Auflockern der Gruppe |
| **Übungstyp:** | Zweier-Gespräch, Vorstellung im Plenum |
| **Dauer:** | Je nach Teilnehmerzahl, zirka 60 Minuten |
| **Hilfsmittel:** | Eventuell Papier und Stift |
| **Ablauf:** | Die Teilnehmer suchen sich aus der Runde einen Partner und ziehen sich mit ihm für eine halbe Stunde zurück.<br><br>Einer der beiden beginnt nun damit, den anderen zu interviewen. Welche Fragen gestellt werden, ob zur Person, zum Beruf, zum privaten Lebensbereich, zu Seminarerwartungen oder Fragen darüber, wie der Partner sich gerade fühlt, ist den Teilnehmern freigestellt.<br><br>Jedes Interview sollte nicht länger als 15 Minuten dauern.<br><br>Anschließend treffen sich alle Teilnehmer im Plenum. Dabei schlüpft jeder in die Rolle seines Interviewpartners und stellt ihn in der Ich-Form vor. |
| **Handling:** | Mögliche Fragen an die Teilnehmer:<br>• Wie lief das Interview am Anfang?<br>• Mit welchen Fragen haben Sie Zugang zu Ihrem Gesprächspartner gefunden?<br>• Wodurch sind Sie sich nähergekommen? Durch Informationsfragen zu Beruf und Lebenslauf oder eher persönliche Fragen über Familie, Hobbies, Lebensanschauungen, Gefühle u.ä.?<br>• Wie haben Sie sich dabei gefühlt, in die Rolle Ihres Gesprächspartners zu schlüpfen?<br>• Wie haben Sie sich gefühlt, als Ihr Gesprächspartner Sie "darstellte"? |
| **Verwandte Übungen:** | Keine |

# Normen für die Seminarteilnehmer

Erwartungshaltung

---

| | |
|---|---|
| Zielsetzung: | Klärung der Erwartungshaltung |
| Übungstyp: | Phantasiereise |
| Dauer: | Zirka zehn Minuten |
| Hilfsmittel: | Keine |
| Ablauf: | Der Trainer gibt den Seminarteilnehmern folgende Übungsanleitung:<br>"Setzen Sie sich bequem auf Ihren Stuhl und schließen Sie Ihre Augen ... Stellen Sie sich jetzt bitte vor, wie Sie hier am Seminarort angekommen sind und wie Sie an der Rezeption auf Ihren Zimmerschlüssel gewartet haben ... Sie sind in den Seminarraum gegangen und haben sich einen Platz ausgesucht ... Welche Gedanken sind Ihnen dabei möglicherweise durch den Kopf gegangen ...? Was muß ich hier tun, wie muß ich mich verhalten, was muß ich gegebenenfalls sagen, damit ich hier in diesem Seminar gut ankomme ..? |
| Handling: | Mögliches Diskussionsthema: "Wie angemessen sind Ihre Befürchtungen?"<br>Eventuell aus dem Gesagten kritische Eltern-Botschaften transparent machen. |
| Verwandte Übungen: | Keine |

# Meine fünf wichtigsten Erwartungen

Erwartungshaltung

| | |
|---|---|
| **Zielsetzung:** | Klärung der Erwartungshaltung |
| **Übungstyp:** | Einzelarbeit |
| **Dauer:** | Zirka 30 Minuten |
| **Hilfsmittel:** | Pro Teilnehmer fünf Kärtchen und ein Filzstift |
| **Ablauf:** | Jeder Teilnehmer erhält fünf Kärtchen. Auf jedes Kärtchen schreibt er eine für ihn besonders wesentliche Erwartung an das Seminar. Wichtig ist, daß jeder Teilnehmer fünf verschiedene Dinge notiert. |
| | Der Trainer sammelt dann von jedem Gruppenmitglied ein Kärtchen ein, und zwar dasjenige, worauf jeder noch am ehesten verzichten könnte. Nach und nach sammelt der Trainer alle Kärtchen bis auf das letzte ein. |
| | Die Teilnehmer sollen nun noch einmal bewußt lesen, was auf ihrem letzten Kärtchen steht. Dann werden sie vom Trainer aufgefordert, die Augen zu schließen und eine Weile darüber nachzudenken, warum sie gerade dieses Kärtchen bis zum Schluß aufgehoben haben. |
| **Handling:** | Eventuell allgemeiner Erfahrungsaustausch. |
| | Mögliche Fragen an die Teilnehmer: |
| | • Inwieweit hat Ihnen diese Übung etwas gebracht? |
| | • Sind Ihnen Ihre Entscheidungen eher leicht oder eher schwer gefallen? Warum? |
| **Verwandte Übungen:** | Keine |

# Was möchten Sie lernen  Erwartungshaltung

---

**Zielsetzung:**  Klärung der Erwartungshaltung

**Übungstyp:**  Einzelarbeit, anschließend Kleingruppengespräch

**Dauer:**  Zirka 20 Minuten

**Hilfsmittel:**  Schreibmaterial

**Ablauf:**  Der Trainer gibt den Seminarteilnehmern folgende Übungsanleitung:

"Schließen Sie Ihre Augen und denken Sie an zwei oder drei Dinge, die Sie lernen möchten und von denen Sie glauben, daß Sie sie hier lernen können (drei Minuten) ... Öffnen Sie nun wieder Ihre Augen und schreiben Sie bitte auf, was Ihnen eingefallen ist (drei Minuten) ... Bilden Sie nun Gruppen mit drei oder vier Personen und erzählen Sie einander, was Sie aufgeschrieben haben (zehn Minuten) ... Überlegen Sie sich, ob sich Ihre Vorstellungen überschneiden oder ob sie vielleicht völlig konträr sind."

**Handling:**  Mögliches Vorgehen bei einer Plenumsdiskussion:

Sammeln und Ordnen dieser Erwartungen nach Themengruppen.

**Verwandte Übungen:**  Keine

# Namen langsam aufschreiben     Wahrnehmung

| | |
|---|---|
| Zielsetzung: | Konzentration auf sich selbst lenken<br>Erhöhung der Sensibilität des einzelnen Teilnehmers |
| Übungstyp: | Einzelarbeit |
| Dauer: | Zirka zehn Minuten |
| Hilfsmittel: | Faltkarten und Filzstifte |
| Ablauf: | Faltkarten und Filzstifte werden in der Runde verteilt.<br>Jeder Teilnehmer soll nun bewußt seinen Namen so langsam wie möglich auf die Faltkarte schreiben. Dabei soll auf eigene Empfindungen und Körpergefühle geachtet werden.<br>Die Teilnehmer können gegebenenfalls darüber nachdenken, woher ihr Name kommt o.ä. |
| Handling: | Eventuell allgemeinen Erfahrungsaustausch anregen, nachdem jeder Teilnehmer seinen Namen auf diese Weise aufgeschrieben hat.<br>Nach den Empfindungen während dieser Übung fragen, denn gelegentlich können sich bei Teilnehmern Empfindungen aus früheren Lebensphasen einstellen. |
| Verwandte Übungen: | Keine |

# Spiegelbild

**Wahrnehmung**

---

| | |
|---|---|
| Zielsetzung: | Gegenseitiges bewußteres Wahrnehmen und Kennenlernen. Sich in den Übungspartner hineinversetzen |
| Übungstyp: | Einzelarbeit |
| Dauer: | Variabel, je nachdem wieviele Teilnehmer die Übung machen möchten |
| Hilfsmittel: | Keine |
| Ablauf: | Ein freiwilliges Mitglied der Runde nimmt seinen Stuhl und setzt sich einem beliebigen anderen Teilnehmer in normalem Gesprächsabstand gegenüber. |
| | Die Aufgabe besteht darin, sich genauso zu verhalten wie der andere, der ihm gegenüber sitzt, das heißt sich genauso zu bewegen, genauso dazusitzen etc. |
| | Der jeweilige Übende bleibt drei oder vier Minuten bei einem Partner und geht dann zum nächsten. |
| | Jeder Agierende kann selbst bestimmen, von wem er Spiegelbild sein möchte. |
| Handling: | Mögliche Diskussionsfragen: |

- Was ist das für ein Gefühl, wenn ich jemanden gegenüber habe, der versucht, mein Spiegelbild zu sein?
- Was ist es für denjenigen, welcher Spiegelbild ist, für ein Gefühl, sich in den Partner "hineinzufühlen"?
- Mit wem kamen Sie am leichtesten in Kontakt, und wodurch sind Sie sich nähergekommen?
- Mit wem hatten Sie es am schwersten, in Kontakt zu kommen? Was waren die Gründe dafür?

| | |
|---|---|
| Verwandte Übungen: | Keine |

# Übungen zu Ich-Zuständen

| Übung | Seite |
|---|---|
| 1. Elternreaktion | 33 |
| 2. Selbstbeobachtung | 34 |
| 3. Ausschalten eines Ich-Zustandes | 35 |
| 4. Rundschreiben | 36 |
| 5. Gesprächsfall-Studie | 38 |
| 6. Ich-Zustands-Fragebogen | 40 |
| 7. Schneemann | 45 |
| 8. Doppelschneemann | 46 |
| 9. Selbsttest "Ich-Zustände" | 47 |
| 10. Angepaßtes Kind | 50 |
| 11. Den anderen zum Lachen bringen | 51 |
| 12. Den besten Witz auswählen | 52 |
| 13. Diskussion über ein Nonsens-Thema | 53 |
| 14. Eine gemeinsame Vergnügung planen | 54 |
| 15. Ein Lied singen | 55 |
| 16. Feiertag | 56 |
| 17. Noch einmal 3 Jahre alt sein | 57 |
| 18. Präsentation | 58 |
| 19. Vergnüglichste Episode | 59 |
| 20. Was ich gerne tue | 60 |
| 21. Was dem anderen gut tut | 61 |

| Übung | Seite |
|---|---|
| 22. Mitarbeiter finde ich gut, wenn sie ... | 62 |
| 23. Aufstehen | 63 |
| 24. Den anderen dazu bringen, etwas zu tun | 64 |
| 25. Eigene Beziehungen zu den Ich-Zuständen klären | 65 |
| 26. Ich-Zustands-Rollenspiel | 66 |
| 27. Problemlösung nach Ich-Zuständen | 67 |
| 28. Unternehmensprobleme und Ich-Zustände | 68 |
| 29. Was würden Sie verändern | 70 |
| 30. Was mich am meisten ärgert | 71 |
| 31. Wenn ich jung wäre | 72 |
| 32. Ich-Zustands-Äußerungen | 73 |
| 33. Ich-Zustände und Kollegen | 75 |
| 34. Kooperation und Kommunikation im Beruf | 76 |
| 35. Den anderen aus dem kritischen Eltern-Ich herausholen | 77 |
| 36. Ich-Zustände und Problemlösung | 78 |
| 37. Ich-Zustands-Reaktionen | 80 |
| 38. Problemlösung | 82 |

Die Übungen zum Themenbereich "Ich-Zustände" sind nach folgenden Kriterien geordnet:

- Erkennen von Ich-Zuständen im Sinne von Zuordnen von Verhaltensweisen zu Ich-Zuständen

- Erleben von Ich-Zuständen im Sinne von Selbsterfahrung

- Finden von Verhaltens-Alternativen, über die später eventuell auch ein Veränderungsvertrag abgeschlossen werden kann.

Der entsprechende Vermerk findet sich auf jedem Übungsblatt rechts oben. Innerhalb dieser Gruppen wurden die Übungen nach folgenden Gesichtspunkten geordnet:

"Erkennen":   nach Schwierigkeitsgrad der Aufgabenstellung

"Erleben":    chronologisch nach der Entstehung der Ich-Zustände (also in der Reihenfolge Kindheits-Ich, Eltern-Ich, Erwachsenen-Ich)

"Alternativen": nach der Komplexität der Veränderung

# Elternreaktionen

Erkennen

---

| | |
|---|---|
| Zielsetzung: | Kennenlernen von Eltern-Ich-Botschaften |
| Übungstyp: | Phantasiereise |
| Dauer: | Zirka 15 Minuten |
| Hilfsmittel: | Flip-Chart |
| Ablauf: | Der Trainer gibt den Seminarteilnehmern folgende Übungsanleitung: |
| | "Überlegen Sie sich oder denken Sie sich eine Situation, bei der Sie sich sehr geärgert haben ... Sie sitzen zu Hause in Ihrem Zimmer, da geht die Tür auf und Ihr Vater (Mutter) kommt herein, unabhängig davon, ob Ihr Vater (Mutter) noch lebt oder nicht ... Sie erzählen ihm (ihr) den Vorfall ... Wie reagiert Ihr Vater (Mutter) ..? Was macht er (sie) ..?" |
| Handling: | Der obige Text wird mit kurzer Pause zweimal nacheinander gesprochen. Einmal bezieht sich die Anweisung auf den Vater und einmal auf die Mutter |
| | Die Übung eignet sich als Einstieg zum Thema "Ich-Zustände". Der Trainer unterteilt das Flip-Chart-Blatt in zwei Spalten. Links werden die kritischen Bemerkungen notiert, rechts die unterstützenden Eltern-Botschaften. |
| | Die Teilnehmer sollen herausfinden nach welchen Kriterien die Äußerungen geordnet wurden, das heißt welche Überschriften man den beiden Spalten geben kann ("Kritische Eltern-Botschaften"/"Unterstützende Eltern-Botschaften"). |
| Verwandte Übungen: | "Selbstbeobachtung" - "Eigene Beziehung zu den Ich-Zuständen klären" - "Angepaßtes Kind" |

# Selbstbeobachtung

Erkennen

---

| | |
|---|---|
| **Zielsetzung:** | Im Kontakt kommen mit den eigenen Eltern-Ich beziehungsweise mit verdeckten Eltern-Botschaften |
| **Übungstyp:** | Phantasiereise |
| **Dauer:** | Zirka 15 Minuten |
| **Hilfsmittel:** | Keine |
| **Ablauf:** | Der Trainer gibt den Seminarteilnehmern folgende Übungsanleitung: |

"Nehmen Sie im Seminarraum so Platz, daß Sie sich dieser Übung ungestört widmen können. Stellen Sie sich nun vor Ihrem geistigen Auge eine Leinwand vor und bringen Sie Ihren Vater (Mutter) auf die Leinwand ... Wenn Bilder von Episoden mit Ihren Eltern aufsteigen, fragen Sie sich: "Was habe ich damals gesagt oder getan?" ... Konzentrieren Sie sich darauf, was Sie taten oder nicht taten oder nicht tun wollten ... Wiederholen Sie diesen Vorgang mit beliebigen anderen Autoritätsfiguren, die Sie kennen, beziehungsweise die in Ihrem Leben eine Rolle spielten ..."

**Handling:** Es empfiehlt sich, diese Übung mit Teilnehmern durchzuführen, die mit der Materie gut vertraut und in psychologischer Hinsicht belastbar sind. Das heißt: Die Übung rührt, wenn sie nicht unter dem Aspekt der Themenstellung angegangen wird an Punkte, die von der eigentlichen Seminarthematik abweichen. Daher können bei den Teilnehmern Therapieansprüche entstehen.

Mögliche Fragen für die anschließende Diskussion:
- Was haben Sie über sich erfahren?
- Können Sie aus früheren Verhaltensweisen eine Querverbindung zu heutigen herstellen?
- Inwieweit hat Ihnen diese Übung persönlich etwas gebracht?

**Verwandte Übungen:** "Eigene Beziehung zu den Ich-Zuständen klären" - "Elternreaktionen" - "Angepaßtes Kind"

# Ausschalten eines Ich-Zustandes

Erkennen

| | |
|---|---|
| Zielsetzung: | Erkennen, wie sich Menschen verhalten, wenn ein Ich-Zustand blockiert ist |
| Übungstyp: | Übung im Plenum mit drei freiwilligen Teilnehmern |
| Dauer: | Die Übungsdauer ist variabel, je nachdem, wieviel Gruppenmitglieder diese Übung wiederholen möchten. |
| Hilfsmittel: | Eventuell Video-Anlage |
| Ablauf: | Für die Übung werden drei freiwillige Teilnehmer aus der Runde gesucht. Allein diese drei Personen erhalten jeweils die folgenden Anweisungen: |
| | Anweisung für den ersten Teilnehmer: "Stellen Sie sich vor, Ihr Eltern-Ich ist blockiert, beziehungsweise außer Betrieb, so daß Sie von Gedanken und Botschaften aus diesem Ich-Zustand nicht beeinflußt werden. Sie können jedoch, wann immer Sie möchten, aus den beiden anderen Ich-Zuständen heraus reagieren. Nehmen Sie nun Stellung zu irgendeinem Problem aus Ihrem beruflichen Alltag und zeigen Sie uns, wie Sie denken und handeln." |
| | Die Anweisungen für den zweiten und dritten Freiwilligen sind identisch mit der obigen, nur ist hier jeweils das Erwachsenen-Ich und das Kindheits-Ich blockiert. |
| | Das Plenum soll erraten, welcher Ich-Zustand jeweils gefehlt hat. Wer sich meldet, muß seine Vermutung begründen. |
| Handling: | Da das Plenum nicht informiert werden sollte, empfiehlt es sich, die Anweisungen schriftlich zu geben. |
| | Die Übung kann eventuell auch mit Video-Anlage gefilmt und die Aufzeichnungen als Diskussionsgrundlage verwendet werden. |
| | Je nach Interesse und Bedarf kann die Übung mit anderen Teilnehmern wiederholt werden. |
| Verwandte Übungen: | Keine |

# Rundschreiben

Erkennen

---

**Zielsetzung:** Ich-Zustände in geschriebenen Vorlagen erkennen

**Übungstyp:** Kleingruppenarbeit

**Dauer:** Zirka 40 Minuten

**Hilfsmittel:** Vorgedruckte Seminarunterlagen mit dem Text des Rundschreibens (siehe nächste Seite), eventuell Papier und Stift.

**Ablauf:** Der Trainer gibt dem Seminarteilnehmer folgende Übungsanleitung:

"Lesen Sie zunächst das vor Ihnen liegende Rundschreiben durch und bilden Sie dann mit zwei oder drei Teilnehmern aus der Runde eine Kleingruppe. Überlegen Sie sich dann in Ihrer Gruppe folgende Fragen:

- Aus welchem Ich-Zustand heraus wurde es geschrieben?
- Welchen Ich-Zustand spricht es höchstwahrscheinlich beim Leser an?
- Was soll bezweckt werden?
- Ist das Rundschreiben ziel- bzw. ergebnisorientiert?
- Überlegen Sie sich bitte gemeinsam eine neue, bessere Version dieses Rundschreibens."

**Handling:** Die Übung eignet sich auch zur Durchführung in Einzelarbeit.

Es bleibt dem Trainer belassen, welches Textbeispiel er wählt. Er kann sich selbstverständlich eine andere als die von uns gegebene Beispielversion überlegen.

Die Auswertung der erarbeiteten Rundschreiben kann satzweise erfolgen.

Mögliche Fragen an die Teilnehmer:

- Aus welchen Ich-Zuständen heraus sind die neuen Sätze formuliert worden?

**Verwandte Übungen:** "Gesprächsfall-Studie"

# Rundschreiben

## Rundschreiben

Von:   Geschäftsleitung

An:    Alle Mitarbeiter                         15. Oktober 1988


Betr.: Mißbrauch von Fotokopiergeräten


Es ist uns kürzlich zu Ohren gekommen, daß sich eine
Reihe von Beschäftigten dieses Unternehmens in sehr
großzügiger Weise der vorhandenen Kopiergeräte bedienen.
Um es deutlicher auszudrücken: Diese Geräte werden für
andere als geschäftliche Zwecke benützt.

Nachdem unser Vertrauen offensichtlich nur von einem Teil
der Beschäftigten honoriert wird, möchten wir alle
Betroffenen, d.h. all diejenigen, die in der Vergangenheit
die Geräte für private Zwecke mißbraucht haben oder das
noch vorhaben, ausdrücklich darauf hinweisen, daß ihr
Verhalten nicht toleriert werden kann und wird. Übertre-
tungen dieser Richtlinien werden wir nachgehen, wobei
wir uns Konsequenzen für den Betroffenen vorbehalten.

Sollte es immer noch Fragen zu diesem Thema geben, wenden
Sie sich bitte an das Sekretariat der Geschäftsleitung.


Geschäftsleitung

# Gesprächsfall-Studie

Erkennen

| | |
|---|---|
| Zielsetzung: | Erkennen von Ich-Zuständen im beruflichen Alltag. Formulieren von Alternativen |
| Übungstyp: | Kleingruppenarbeit |
| Dauer: | Zirka 40 Minuten |
| Hilfsmittel: | Vorgedruckte Seminarunterlage mit dem Text des Gesprächs (siehe nächste Seite) |
| Ablauf: | Die Teilnehmer bilden Kleingruppen und lesen jeder für sich den Gesprächstext durch. Bei dem vorliegenden Text handelt es sich um ein Gespräch mit einem schwierigen Kunden. |

Nach dem Lesen des Textes sollen in den einzelnen Gruppen folgende Fragen bearbeitet werden:

- Aus welchem Ich-Zustand heraus argumentiert der Gesprächspartner?
- Welcher Ich-Zustand soll eigentlich angesprochen werden?
- Welcher Ich-Zustand wird möglicherweise im Kunden angesprochen? Welche Gefühle?
- Welches Verhältnis ergibt sich zwischen den beiden Akteuren?
- Formulieren Sie zu den unproduktiven Passagen eine bessere Version.

Handling: Das Gespräch mit dem schwierigen Kunden ist nur ein Beispiel von vielen möglichen. Es bleibt dem Trainer belassen, für welchen Text er sich entscheidet.

Die Übung eignet sich auch zur Durchführung in Einzelarbeit.

Anschließend Diskussion mit Sammlung und Auswertung der Ergebnisse. Mögliche Fragestellung:

- Aus welchen Ich-Zuständen heraus wurden die neuen Sätze formuliert?

Verwandte Übungen: "Rundschreiben"

# Gesprächsfall-Studie

Eine Kundin beschwert sich bei einem Verkäufer darüber, daß ihr Pulli, den sie vor einer Woche bei ihm gekauft hat, beim Waschen eingegangen ist.

Kundin: "Sie sind ja ein feiner Laden hier! Wissen Sie überhaupt, daß Sie mir mit diesem Pulli hier den reinsten Mist angedreht haben! Sehen Sie sich das doch mal an!"

Verkäufer: "Ich verstehe nicht ganz, was ist an Ihrem Pulli nicht in Ordnung?"

Kundin: "Mir scheint, Sie haben Tomaten auf den Augen. Größe 42 und nach einmaligem Waschen paßt er nicht mal mehr meiner kleinen Tochter. Da hört sich doch wirklich alles auf!"

Verkäufer: "Mir scheint, Sie haben den Pulli beim Waschen falsch behandelt..."

Kundin: "Falsch behandelt - daß ich nicht lache! Vor einer Woche als Sie mir den Pulli verkauft haben, haben Sie mir extra noch von der tollen Qualität und der Pflegeleichtigkeit vorgeschwärmt. Völlig verfilzte Holzwolle ist das, und nichts anderes. Und außerdem - der Preis für dieses niedliche Stück ... das ist ja reinster Betrug!"

Verkäufer: "Wie meinen Sie das ..."

Kundin: "Mein Geld möchte ich zurück haben ... so meine ich das!"

Verkäufer: "Ich würde mich an Ihrer Stelle ja genauso aufregen, aber ich glaube, so kommen wir nicht weiter. Ich möchte Ihnen wirklich gerne helfen!"

Kundin: "Also, wenn ich so einen Laden hätte, ich würde mich nicht trauen, einem Kunden so etwas anzubieten. Einmal waschen - ich bitte Sie, das darf doch wirklich nicht passieren. Oder soll ich mir vielleicht jede Woche einen neuen Pulli kaufen?"

Verkäufer: "Natürlich nicht. Aber Sie wissen doch, diese Art von Pulli muß bei einer bestimmten Temperatur gewaschen und mit einem guten Wollpflegemittel behandelt werden und wahrscheinlich haben Sie das nicht beachtet."

Kundin: "Wollen Sie mir vielleicht jetzt auch noch ein Pflegemittel andrehen? Aber was rede ich überhaupt so lange mit Ihnen. Ich habe mich jetzt lange genug geärgert. Ich möchte den vollen Preis zurück und wenn Ihnen das nicht paßt, dann geben Sie mir Ihren Chef."

# Ich-Zustands-Fragebogen                                    Erkennen

| | |
|---|---|
| Zielsetzung: | Erkennen von Ich-Zuständen in geschriebenen Äußerungen |
| Übungstyp: | Einzelarbeit, gegebenenfalls auch im Plenum durchführbar |
| Dauer: | Zirka 60 Minuten |
| Hilfsmittel: | Vorgedruckter Fragebogen (siehe nächste Seite), Schreibmaterial |
| Ablauf: | Anleitung zum Fragebogen (siehe nächste Seite) |
| Handling: | Die Übung kann eventuell auch gemeinsam im Plenum durchgeführt werden. Jeder Teilnehmer schätzt der Reihe nach eine Äußerung nach Ich-Zuständen ein. Anschließend eventuell Diskussion. Mögliche Fragen:<br>• Ist Ihnen die Zuordnung eher leicht oder eher schwer gefallen?<br>• Welchen Ich-Zustand konnten Sie am besten erkennen oder zuordnen?<br>• Welchen am wenigsten? |
| Verwandte Übungen: | "Ich-Zustands-Reaktionen" - "Ich-Zustands-Äußerungen" |

# Ich-Zustands-Fragebogen

Bitte ordnen Sie die jeweiligen Reaktionen auf die beschriebenen Situationen den jeweiligen Ich-Zuständen zu.

Ihre Zuordnungen können nur Vermutungen sein, weil die Informationen über die Gestik und den Tonfall des Sprechers fehlen. Versuchen Sie es bitte trotzdem aufgrund der schriftlichen Antwort.

Ein Kollege kann einen wichtigen Brief nicht finden:

a) Das wundert mich nicht!
b) Haben Sie schon gefragt, wer ihn zuletzt gehabt hat?
c) Weiß nicht, wo Ihr komischer Brief ist!
d) Nur mal langsam, den werden wir schon finden.

Der Chef ist mit dem Antwortschreiben nicht zufrieden, das seine Sekretärin auf eine Anfrage der Zentrale geschrieben hat:

a) Ich habe deren Anfrage jetzt dreimal gelesen und weiß immer noch nicht, worauf die eigentlich hinaus wollen. Was die einem manchmal hier zumuten!
b) Ich habe das anders verstanden. Sagen Sie mir doch bitte, was die Ihrer Meinung nach wollen.
c) Darauf sollten wir gar nicht antworten. Die sollen sich gefälligst klar ausdrücken!
d) So können wir unsere Antwort nicht rausgehen lassen, Frau Blum. Schreiben Sie bitte mit, was ich Ihnen jetzt diktiere.

# Ich-Zustands-Fragebogen

Seite 2

Einem Gerücht zufolge soll ein Kollege versetzt werden:

a) Kommen Sie, erzählen Sie mir mehr darüber. _____
b) Da wird er sich aber ganz schön anstrengen müssen. _____
c) Wundert Sie das? _____
d) Von wem haben Sie diese Information? _____

Ein Kollege hat einen Vorschlag gemacht, der als unrealistisch abgelehnt wurde:

a) Sie müssen ziemlich niedergeschlagen sein. Wollen wir heute Abend auf ein Bier gehen? _____
b) Was werden Sie jetzt machen? _____
c) Warum sollte es Ihnen auch besser gehen als mir? _____
d) Wie wurde die Ablehnung begründet? _____

Eine sehr gut aussehende Sekretärin kommt in einem tief ausgeschnittenen Kleid ins Büro:

a) Donnerwetter! Schauen Sie sich das an! _____
b) Solche Sachen sollten im Büro nicht erlaubt sein! _____
c) Ich frage mich, warum sie das angezogen hat! _____
d) Das ist ja mal wieder typisch! _____

Personaleinsparungen sind angekündigt:

a) Die machen es sich mal wieder leicht. _____
b) Zuerst sollten sie die Jungen entlassen. Die finden eher einen neuen Arbeitsplatz als wir. _____
c) Ich werde mir meinen Vertrag wieder einmal genau ansehen. _____
d) Eine Zeitlang haben die ja auch jeden genommen. _____

# Ich-Zustands-Fragebogen    Seite 3

Eine Kopiermaschine funktioniert nicht mehr:

a) Rufen Sie bitte den Reparatur-Service an. Die sollen möglichst schnell jemanden schicken.   _____
b) Mit dem Ding ist doch ständig etwas los. Irgendwann werfe ich es noch zum Fenster raus.   _____
c) Die Leute gehen einfach nicht vorsichtig genug damit um.   _____
d) Woran liegt es denn diesmal?   _____

Jemand wird unerwartet befördert:

a) Finde ich gut. Der braucht das Geld auch nötiger als andere.   _____
b) Was mag wohl der Grund dafür sein?   _____
c) Möchte mal wissen, wie er das gemacht hat?   _____
d) Wer steckt da bloß wieder dahinter?   _____

Ein Mitarbeiter ist mit seiner Beurteilung nicht einverstanden:

a) Sie erwarten doch nicht etwa, daß ich mich mit Ihnen auf einen Kuhhandel einlasse!   _____
b) Sind Sie mit einer Stufe besser einverstanden?   _____
c) Ich habe Ihnen meine Meinung begründet. Aber wenn Sie unbedingt meinen, einen Einspruch einlegen zu müssen - hier unten auf dem Bogen können Sie ja Ihre Ansicht vermerken.   _____

# Ich-Zustands-Fragebogen

Seite 4

d) Schauen Sie: Eine Beurteilung ist ja keine Verurteilung. Gerade durch dieses Gespräch haben wir die Voraussetzungen dafür geschaffen, daß Sie Ihre Leistung in den kritischen Bereichen verbessern können. _____

Kollegen informieren sich untereinander nicht:

a) Komischerweise klappt das woanders besser! _____
b) Woran liegt das? _____
c) Ich glaube nicht, daß man da was tun kann. _____
d) Das müßte einfach besser geregelt werden. _____

# Schneemann

Erkennen

---

**Zielsetzung:** Erstellen von Selbst- und Fremdbild anhand der Ich-Zustände

**Übungstyp:** Zuerst Einzel-, dann Zweier-Gruppenarbeit

**Dauer:** Zirka 30 Minuten

**Hilfsmittel:** Papier und Stift

**Ablauf:** Die Teilnehmer nehmen ein Blatt Papier und zeichnen mit verschieden großen Kreisen ein Portrait ihrer Ich-Zustände, und zwar so, wie sie sich selbst die meiste Zeit sehen. Danach sollen sie über folgende Fragen nachdenken:

- Ändert sich mein Portrait mit der Situation oder im Beisein bestimmter Menschen? Wenn ja, wie?

- Sehe ich mich bevorzugt in einem bestimmten Ich-Zustand?

Die Teilnehmer wählen sich dann einen Partner und jeder zeichnet nun das Portrait seines Gegenüber, so wie er es sieht.

Die beiden Übungspartner erklären sich gegenseitig, aufgrund welcher Beobachtungen und Überlegungen ihr Bild jeweils entstanden ist.

**Handling:** Die Teilnehmer sollten sich, wenn sie diese Übung machen, wenigstens einen Tag kennen.

Es empfiehlt sich, ein Beispiel zu geben, wie ein Ich-Zustands-Portrait aussieht. Zum Beispiel könnte das Portrait einer der folgenden Darstellungen gleichen:

**Verwandte Übungen:** "Doppelschneemann" - "Selbsttest Ich-Zustände"

# Doppelschneemann

Erkennen

---

| | |
|---|---|
| Zielsetzung: | Bestimmung des Ausprägungsgrades der eigenen Ich-Zustände und der jeweiligen Institution, für die man arbeitet. |
| Übungstyp: | Einzelarbeit |
| Dauer: | Zirka 30 Minuten |
| Hilfsmittel: | Papier und verschiedenfarbige Stifte |

Ablauf:

Die Teilnehmer zeichnen einen Schneemann (Ich-Zustands-Portrait): "Wie erlebe ich mein Unternehmen?" und "Wie erlebe ich mich bei meiner Arbeit?"

Nachdem jeder die beiden Portraits vor sich liegen hat, fragen sich die Teilnehmer:

- Bin ich damit zufrieden? Was kann ich in dieser Situation tun? Was muß gegebenenfalls geändert werden?
- Welche Fragen des Erwachsenen-Ichs muß ich stellen?

Handling:

Der Trainer erläutert vor dieser Übung seinen Teilnehmern, wie ein Ich-Zustands-Portrait erstellt wird (siehe Übung "Schneemann").

Aus Gründen einer besseren Übersichtlichkeit können die Schneemänner verschiedenfarbig gestaltet werden.

Mögliche Fragen bei einer anschließenden Diskussion:

- Wie passen der Schneemann Ihres Unternehmens und Ihr eigener zusammen?
- Warum sehen Sie Ihr Unternehmen so?
- Wenn Sie Ihr Unternehmen so sehen, welche Art von Mitarbeiter würde dazu passen? Warum?

Verwandte Übungen: "Schneemann" - "Selbsttest Ich-Zustände"

# Selbsttest "Ich-Zustände"

Erkennen

| | |
|---|---|
| Zielsetzung: | Bestimmung der individuellen Ausprägung der einzelnen Ich-Zustände bei den Teilnehmern |
| Übungstyp: | Einzelarbeit, Auswertung eventuell in Kleingruppen (da höhere Objektivität) |
| Dauer: | Zirka 120 Minuten mit Auswertung in Kleingruppen |
| Hilfsmittel: | Vorgedruckte Seminarunterlage "Selbsttest" (siehe nächste Seite), Auswertungsblatt "Egogramm", Schreibmaterial |
| Ablauf: | Anleitung zur Durchführung des Selbsttests siehe nächste Seite. |
| | Die zur Verfügung stehende Zeit für 20 Items beträgt zirka 60 Minuten. |
| | Die Teilnehmer bilden anschließend Kleingruppen und diskutieren, aus welchem Ich-Zustand sie jeweils geantwortet haben und tragen das Ergebnis in das rechts auf dem Testbogen vorgesehene Feld ein. |
| | Anschließend zählt jeder aus, wie häufig er aus den einzelnen Ich-Zuständen reagiert hat. Dabei können einer Antwort durchaus mehrere Ich-Zustände zugeschrieben werden. Das Ergebnis wird auf dem Auswertungsblatt eingetragen. |
| Handling: | Der Trainer entwickelt vor dem Seminar einen Testbogen mit maximal 20 Items, der auf seine jeweilige Zielgruppe zugeschnitten ist. |
| | Gegebenfalls kann das Durchschnittsegogramm aller Seminarteilnehmer bestimmt werden. |
| | Mögliche Diskussionsfrage: |
| | • Welche Konsequenzen ergeben sich für Sie aus dem Egogramm? |
| Verwandte Übungen: | "Schneemann" - "Doppelschneemann" |

# Selbsttest "Ich-Zustände"

Anleitung zur Durchführung des Selbsttest

Bitte notieren Sie spontan zu den folgenden Aussagen und Situationen eine Antwort. Bitte keine Erläuterungen, wie Sie vorgehen würden oder was Sie sich denken, sondern Reaktionen im Sinne von wörtlichen Reden.

Ein Beispiel:

| Situation | Aus welchem Ich-Zustand kam die Antwort? |
|---|---|
| Einer Ihrer Mitarbeiter sagt Ihnen: "Sehen Sie, man kommt hier her und ist bereit sich anzustrengen und etwas zu leisten. Dabei nimmt man auch Fehlschläge in Kauf. Aber wenn man feststellen muß, daß alles, was man tut, doch keinen Sinn hat, weil man den Führungskräften doch nichts recht machen kann, dann verliert man die Lust, man resigniert oder sieht sich nach anderen Möglichkeiten um. An dem Punkt bin ich jetzt." | |
| Was sagen Sie ihm? | |

Weitere Situationen sollen hier folgen.

# Selbsttest "Ich-Zustände"

Auswertungsbogen Egogramm

|    | kritisches Eltern-Ich | unterstützendes Eltern-Ich | Erwachsenen-Ich | natürliches Kindheits-Ich | angepaßtes Kindheits-Ich |
|----|---|---|---|---|---|
| 1  |   |   |   |   |   |
| 2  |   |   |   |   |   |
| 3  |   |   |   |   |   |
| 4  |   |   |   |   |   |
| 5  |   |   |   |   |   |
| 6  |   |   |   |   |   |
| 7  |   |   |   |   |   |
| 8  |   |   |   |   |   |
| 9  |   |   |   |   |   |
| 10 |   |   |   |   |   |
| 11 |   |   |   |   |   |
| 12 |   |   |   |   |   |
| 13 |   |   |   |   |   |
| 14 |   |   |   |   |   |
| 15 |   |   |   |   |   |
| 16 |   |   |   |   |   |
| 17 |   |   |   |   |   |
| 18 |   |   |   |   |   |
| 19 |   |   |   |   |   |
| 20 |   |   |   |   |   |
|    |   |   |   |   |   |

# Angepaßtes Kind

Erleben

| | |
|---|---|
| Zielsetzung: | In Kontakt kommen mit dem eigenen angepaßten Kindheits-Ich |
| Übungstyp: | Phantasiereise |
| Dauer: | Zirka 15 Minuten |
| Hilfsmittel: | Keine |
| Ablauf: | Der Trainer gibt den Seminarteilnehmern folgende Übungsanleitung: "Setzen Sie sich bequem auf Ihren Stuhl und schließen Sie die Augen ... Denken Sie an eine Situation, in der Sie sich kürzlich befanden, wo Sie etwas nicht getan haben, was Sie gern getan hätten ... Wo war das ..? Wovor hatten Sie Angst ..? Wie lange haben Sie diese Angst schon ..? |
| Handling: | Bei einer Diskussion sollte der Erfahrungswert der Übung und nicht so sehr die einzelnen Inhalte im Vordergrund stehen. Mögliche Fragen an die Teilnehmer: <br>• Inwieweit hat Ihnen diese Übung etwas gebracht? <br>• Wie haben Sie sich bei dieser Übung gefühlt? <br>• Was wäre schlimmstenfalls passiert, wenn Sie es doch gemacht hätten? |
| Verwandte Übungen: | "Elternreaktionen" - "Selbstbeobachtung" - "Eigene Beziehung zu den Ich-Zuständen klären" |

# Den anderen zum Lachen bringen

Erleben

| | |
|---|---|
| Zielsetzung: | Auflockerung der Teilnehmer<br>Stärkung des natürlichen Kindheits-Ichs<br>Bewußteres Wahrnehmen des Gegenübers<br>Eigene Grenzen erfahren und beeinflussen |
| Übungstyp: | Übung für Zweier-Gruppen mit anschließendem Rollentausch |
| Dauer: | Zirka 20 Minuten |
| Hilfsmittel: | Keine |
| Ablauf: | Der Trainer gibt seinen Seminarteilnehmern folgende Übungsanleitung:<br><br>"Wählen Sie sich einen Partner, setzen Sie sich einander gegenüber, und schließen Sie dann Ihre Augen. Um mit sich selbst besser in Berührung zu kommen, sollen Sie sich auf Ihren Körper, Ihre Atmung, Gedanken, Wahrnehmungen und Gefühle konzentrieren (zirka zwei bis drei Minuten)".<br><br>Nachdem die Teilnehmer ihre Augen wieder geöffnet haben, betrachten Sie bewußt ihren Partner und versuchen, Kontakt zu ihm aufzunehmen.<br><br>Jeder Teilnehmer soll sich völlig ungezwungen fühlen.<br><br>Auf ein Signal versucht nun der eine der beiden Übenden den anderen zum Lachen zu bringen. Außer Sprechen und körperlichem Kontakt ist alles erlaubt.<br><br>Nach zwei bis drei Minuten werden die Rollen getauscht. |
| Handling: | Die Übung ist um so effizienter, je weniger sich die agierenden Partner kennen.<br><br>Mögliche Diskussionsfragen:<br>- Konnten Sie sich auf sich selbst konzentrieren oder hat Sie etwas abgelenkt?<br>- Ist es Ihnen gelungen, den Partner zum Lachen zu bringen? In welchen Ich-Zustand sind Sie dabei gegangen? |
| Verwandte Übungen: | "Aufstehen" - "Den anderen dazu bringen, etwas zu tun" - "Den anderen aus dem kritischen Eltern-Ich herausholen" |

# Den besten Witz auswählen

Erleben

Zielsetzung: Auflockerung der Runde
Stärkung des natürlichen Kindheits-Ichs

Übungstyp: Kleingruppenarbeit, Präsentation im Plenum

Dauer: Zirka 30 Minuten

Hilfsmittel: Keine

Ablauf: Die Teilnehmer bilden Kleingruppen (drei bis vier Personen) und erzählen sich in ihren Gruppen gegenseitig Witze. Jeder sollte wenigstens einen Witz beisteuern.

Nach Ablauf der 30 Minuten wählt jede Kleingruppe ihren besten Witz aus.

Die Teilnehmer treffen sich dann wieder im Plenum, wo nacheinander zur allgemeinen Belustigung die besten Witze präsentiert werden.

Handling: Der beste Witz kann eventuell prämiert werden.

Wenn der Trainer ebenfalls einen Witz zum besten geben möchte, so steht dem nichts im Wege.

Verwandte Übungen: "Ein Lied singen" - "Eine gemeinsame Vergnügung planen" - "Diskussion über ein Nonsens-Thema" - "Noch einmal drei Jahre alt sein" - "Präsentation"

# Diskussion über ein Nonsens-Thema

Erleben

---

| | |
|---|---|
| Zielsetzung: | Auflockerung der Gruppe<br>Stärkung des natürlichen Kindheits-Ichs<br>Übergang zu neuen Themen |
| Übungstyp: | Übung im Plenum |
| Dauer: | Zirka 30 Minuten |
| Hilfsmittel: | Keine |
| Ablauf: | Es werden auf Zuruf lustige beziehungsweise unsinnige Themenvorschläge gesammelt. Die Gruppe entscheidet, welche sie diskutieren möchte.<br><br>Fällt den Teilnehmern nichts ein, so kann der Trainer einen Vorschlag machen (zum Beispiel: "Muß eine moderne Klofrau schwimmen können?" oder "Freibier - Fluch oder Segen?").<br><br>Es werden immer abwechselnd Gründe für oder gegen eine bestimmte These gesammelt. Jeder Teilnehmer soll dabei wenigstens einmal zu Wort kommen.<br><br>Wenn ein Teilnehmer nichts mehr weiß, gibt er das Wort an seinen Nachbarn weiter. |
| Handling: | Der Trainer versucht eine angstfreie Atmosphäre zu schaffen, in der jeder Teilnehmer spontan seinen Unsinnsbeitrag zum besten geben kann.<br><br>Es soll jedoch vermieden werden, daß sich Teilnehmer blamiert fühlen (siehe "protection").<br><br>Das Thema kann nach jedem dritten Teilnehmer gewechselt werden, um keine Langeweile aufkommen zu lassen. |
| Verwandte Übungen: | "Eine gemeinsame Vergnügung planen" - "Den besten Witz auswählen" - "Ein Lied singen" - "Noch einmal drei Jahre alt sein" - "Präsentation" |

# Eine gemeinsame
# Vergnügung planen

Erleben

---

| | |
|---|---|
| Zielsetzung: | Auflockerung der Gruppe<br>Besseres Kennenlernen der Teilnehmer untereinander<br>Stärkung des natürlichen Kindheits-Ichs |
| Übungstyp: | Plenums- oder Kleingruppenarbeit |
| Dauer: | Die Teilnehmer sollten mindestens eine Stunde Zeit haben, um einen wirklich kreativen Vorschlag auszuarbeiten, der alle begeistern könnte. |
| Hilfsmittel: | Papier und Stift, sonstiges Moderationsmaterial |
| Ablauf: | Die Teilnehmer planen eine gemeinsame Vergnügung im Plenum oder in der Kleingruppe. Wichtig ist, daß diese Vergnügung im gegebenen Rahmen realisierbar sein soll.<br><br>Die Teilnehmer sollen sich etwas überlegen, was noch keiner von ihnen ausprobiert hat. |
| Handling: | In der Kleingruppe erarbeitete Vorschläge werden im Plenum zusammengetragen, diskutiert und der beste ausgewählt und zu einem geeigneten Zeitpunkt (zum Beispiel nach dem gemeinsamen Abendessen des ersten Tages) realisiert.<br><br>Die Übung kann auch im Plenum durchgeführt werden. |
| Verwandte Übungen: | "Präsentation" - "Ein Lied singen" - "Noch einmal drei Jahre alt sein" - "Diskussion über ein Nonsens-Thema" - "Den besten Witz auswählen" |

# Ein Lied singen

Erleben

| | |
|---|---|
| Zielsetzung: | Auflockerung der Teilnehmer<br>Stärkung des natürlichen Kindheits-Ichs |
| Übungstyp: | Kleingruppenarbeit, Präsentation im Plenum |
| Dauer: | Zirka 20 Minuten |
| Hilfsmittel: | Kämme, Flaschen oder ähnliche Instrumente, mit denen sich Klänge erzeugen lassen |
| Ablauf: | Die Teilnehmer bilden Kleingruppen, bestehend aus drei oder vier Mitgliedern und studieren ein Lied ein, das sie dann im Plenum gemeinsam vortragen.<br><br>Es ist gleichgültig, ob sie sich für ein bekanntes Lied entscheiden oder ob sie ein neues Lied erfinden.<br><br>Das Lied kann auch durch zur Verfügung stehende Instrumente begleitet werden. |
| Handling: | Im Plenum werden dann alle Lieder vorgetragen. Den Interpreten des originellsten Liedes kann besonderer Beifall gezollt werden. |
| Verwandte Übungen: | "Den besten Witz auswählen" - "Noch einmal drei Jahre alt sein" - "Diskussion über ein Nonsens-Thema" - "Präsentation" - "Eine gemeinsame Vergnügung planen" |

# Feiertag

Erleben

| | |
|---|---|
| Zielsetzung: | Auflockerung der Teilnehmer<br>Aktivierung des natürlichen Kindheits-Ichs |
| Übungstyp: | Übung für Zweier-Gruppen |
| Dauer: | Zirka 15 Minuten |
| Hilfsmittel: | Keine |
| Ablauf: | Der Trainer gibt den Seminarteilnehmern folgende Übungsanleitung:<br><br>"Wählen Sie sich einen Partner und denken Sie beide an ein bedeutsames Ereignis in Ihrem Leben. Stellen Sie sich vor, Sie hätten Gelegenheit, einen neuen Feiertag einzuführen. Welchen Tag aus Ihrem Leben würden Sie hierfür aussuchen? Was würden Sie feiern wollen? Diskutieren Sie mit Ihrem Partner, für welchen Tag Sie sich entschieden haben." |
| Handling: | Die Übung eignet sich auch zur Durchführung in Einzelarbeit.<br><br>Mögliche Diskussionsfragen:<br>• Was ist während dieser Übung in Ihnen vorgegangen?<br>• Ist Ihnen die Übung eher leicht oder eher schwer gefallen? Warum? |
| Verwandte Übungen: | "Vergnüglichste Episode" - "Was ich gerne tue" - "Wenn ich jung wäre" - "Was tut dem anderen gut" |

# Noch einmal
# drei Jahre alt sein

Erleben

| | |
|---|---|
| Zielsetzung: | Auflockerung der Teilnehmer<br>Stärkung des natürlichen Kindheits-Ichs |
| Übungstyp: | Übung im Plenum |
| Dauer: | Zirka 20 Minuten |
| Hilfsmittel: | Eventuell Papier und Stift zum Malen |
| Ablauf: | Der Trainer gibt den Seminarteilnehmern folgende Übungsanleitung:<br><br>"Versetzen Sie sich in die Zeit zurück, als Sie ungefähr drei Jahre alt waren. Bewegen, sprechen und handeln Sie genauso wie damals. Wenn Sie sich nicht mehr genau erinnern können, so denken Sie einfach an das Verhalten Ihnen bekannter oder vielleicht Ihrer eigenen dreijährigen Kinder. Machen Sie diese Übung ohne Hemmungen. Sie haben Gelegenheit, Ihr Kindheits-Ich einmal wieder so richtig auszuagieren..." |
| Handling: | Diese in der Regel meist sehr lebhafte Übung macht eine ausreichende Bewegungsfreiheit für die agierenden Teilnehmer erforderlich. Achten Sie daher auf eine entsprechende Größe des Seminarraumes.<br><br>Zerbrechliche Gegenstände sollten vorsichtshalber vorher entfernt werden! |
| Verwandte Übungen: | "Diskussion über ein Nonsens-Thema" - "Ein Lied singen" - "Den besten Witz auswählen" - "Eine gemeinsame Vergnügung planen" - "Präsentation" |

# Präsentation

Erleben

| | |
|---|---|
| **Zielsetzung:** | Stärkung des natürlichen Kindheits-Ichs<br>Auflockerung der Runde |
| **Übungstyp:** | Kleingruppenarbeit, Präsentation im Plenum |
| **Dauer:** | Zirka 60 Minuten |
| **Hilfsmittel:** | Schreibmaterial, Flip-Chart-Bögen, sonstiges Moderationsmaterial |
| **Ablauf:** | Es werden Kleingruppen (drei bis vier Personen) gebildet, die unbeeinflußt voneinander folgende Aufgabe bewältigen sollen:<br><br>Jede Gruppe soll sich eine Dienstleistung oder ein Produkt überlegen, die sie der Allgemeinheit (Plenum) anbieten kann.<br><br>Ferner soll sich jede Gruppe, zum Beispiel durch eine Werbekampagne, nach außen so gut wie möglich verkaufen. Die einzelnen Gruppen können sich hierzu Slogans, Poster, Cartoons, Lieder etc. ausdenken.<br><br>Nach Ablauf der Zeit präsentiert jede Kleingruppe ihre Dienstleistung vor dem Plenum. |
| **Handling:** | Die Gruppen sollen eine Präsentation entwickeln, die sie später nacheinander im Plenum vorstellen.<br><br>Diese Übung eignet sich auch zur Durchführung am Seminarabend.<br><br>Mögliche Fragen an die Teilnehmer:<br>● Aus welchem Ich-Zustand heraus haben Sie sich für eine bestimmte Dienstleistung, ein bestimmtes Produkt, entschieden? |
| **Verwandte Übungen:** | "Eine gemeinsame Vergnügung planen" - "Ein Lied singen" - "Noch einmal drei Jahre alt sein" - "Diskussion über ein Nonsens-Thema" - "Den besten Witz auswählen" |

# Vergnüglichste Episode

Erleben

| | |
|---|---|
| Zielsetzung: | Auflockerung der Teilnehmer<br>Stärkung des natürlichen Kindheits-Ichs |
| Übungstyp: | Übung für Zweier-Gruppen mit anschließendem Rollentausch |
| Dauer: | Zirka 15 Minuten |
| Hilfsmittel: | Keine |
| Ablauf: | Der Trainer gibt den Seminarteilnehmern folgende Übungsanleitung:<br><br>"Wählen Sie sich einen Partner aus der Runde und setzen Sie sich einander in normalem Gesprächsabstand gegenüber. Erzählen Sie ihm von der vergnüglichsten Episode Ihres Lebens ... Tauschen Sie nach ungefähr fünf Minuten die Rollen. Es darf auch gelacht werden ...!" |
| Handling: | Mögliche Fragen für eine anschließende Diskussion:<br>• Inwieweit hat Ihnen diese Übung etwas gebracht?<br>• Wie lief das Gespräch am Anfang?<br>• Hatten Sie das Gefühl, daß Sie auf der Beziehungsebene angesprochen wurden? |
| Verwandte Übungen: | "Feiertag" - "Was ich gerne tue" - "Wenn ich jung wäre" - "Was tut dem anderen gut" |

# Was ich gerne tue

Erleben

| | |
|---|---|
| Zielsetzung: | Auflockerung der Teilnehmer<br>Stärkung des natürlichen Kindheits-Ichs<br>Besseres gegenseitiges Kennenlernen |
| Übungstyp: | Zweier-Gespräch |
| Dauer: | Zirka 20 Minuten |
| Hilfsmittel: | Keine |
| Ablauf: | Die Teilnehmer wählen sich einen Partner und erzählen ihm, was sie im Beruf gerne tun beziehungsweise gerne tun würden. |
| Handling: | Mögliche Fragen zur Diskussion:<br>• Wie haben Sie sich bei dieser Übung gefühlt?<br>• Wie lief das Gespräch am Anfang?<br>• Hatten Sie das Gefühl, daß Sie sich mit Ihrem Partner auf der Beziehungsebene verständigen konnten?<br>• In welchem Ich-Zustand haben Sie sich während des Gesprächs vorwiegend aufgehalten? |
| Verwandte Übungen: | "Vergnüglichste Episode" - "Wenn ich jung wäre" - "Was tut dem anderen gut" - "Feiertag" |

# Was dem anderen gut tut                                         Erleben

| | |
|---|---|
| Zielsetzung: | Stärkung des natürlichen Kindheits-Ichs<br>Besseres gegenseitiges Kennenlernen |
| Übungstyp: | Zweier-Gespräch |
| Dauer: | Zirka 45 Minuten |
| Hilfsmittel: | Keine |
| Ablauf: | Die Teilnehmer wählen sich einen Partner aus der Runde und setzen sich einander in normalem Gesprächsabstand gegenüber.<br><br>Beide spekulieren nacheinander darüber, was dem jeweils anderen ihrer Meinung nach gut tut und geben sich Feedback darüber, ob ihre Spekulationen richtig sind. |
| Handling: | Eventuell noch eine anschließende Diskussion im Plenum, etwa mit den folgenden Fragen an die Teilnehmer:<br>● Inwieweit hat Ihnen diese Übung etwas gebracht?<br>● Wodurch haben Sie Zugang zu Ihrem Partner gefunden?<br>● In welchem Ich-Zustand haben Sie sich während dieser Übung überwiegend aufgehalten? |
| Verwandte Übungen: | "Was ich gerne tue" - "Feiertag" - "Vergnüglichste Episode" - "Wenn ich jung wäre" |

# Mitarbeiter finde ich gut, wenn sie...

Erleben

| | |
|---|---|
| Zielsetzung: | In Kontakt kommen mit dem eigenen Eltern-Ich, beziehungsweise mit verdeckten Eltern-Botschaften |
| Übungstyp: | Übung für Kleingruppen |
| Dauer: | Zirka 20 Minuten |
| Hilfsmittel: | Eventuell Papier und Stift |
| Ablauf: | Der Trainer gibt den Seminarteilnehmern folgende Übungsanleitung: "Bilden Sie Kleingruppen und vervollständigen Sie nacheinander die Sätze "Mitarbeiter finde ich gut, wenn sie ..." und "Mitarbeiter finde ich unmöglich, wenn sie ...". Wechseln Sie sich bei der Vervollständigung dieser Sätze gegenseitig ab und diskutieren Sie miteinander Ihre gemeinsamen Erfahrungen." |
| Handling: | Mögliche Diskussionsfragen: <br>• Was haben Sie durch diese Übung über Ihr Eltern-Ich herausgefunden? <br>• Konnten Sie irgendwelche verdeckten Eltern-Ich-Botschaften bei sich erkennen? |
| Verwandte Übungen: | "Ich-Zustände und Kollegen" - "Kooperation und Kommunikation im Beruf" - "Was mich am meisten ärgert" - "Was würden Sie verändern?" |

# Aufstehen

Erleben

---

| | |
|---|---|
| Zielsetzung: | Kennenlernen der Ich-Zustände<br>Erleben der Ich-Zustände |
| Übungstyp: | Übung für Zweier-Gruppen |
| Dauer: | Zirka fünf Minuten |
| Hilfsmittel: | Keine |
| Ablauf: | Die Teilnehmer machen diese Übung mit ihren Nachbarn oder mit einem beliebigen anderen Partner aus der Runde.<br><br>Einer der beiden beginnt nun damit, den anderen zum Aufstehen zu bewegen. Die Vorgehensweise, wie er dies erreichen möchte, bleibt ihm freigestellt. |
| Handling: | Die einzelnen Vorgehensweisen können gesammelt und auf dem Flip-Chart notiert werden. Der Trainer kann auf dem Bogen rechts oder links eine Spalte freilassen, um die geäußerten Strategien nach Ich-Zustands-Kriterien einzuordnen (zum Beispiel: angepaßt, kritisch, schlau etc.).<br><br>Mögliche Fragen an die Teilnehmer:<br><br>● Mit welchen Äußerungen haben Sie Zugang zu Ihrem Partner gefunden?<br>● Wie haben Sie sich dabei gefühlt? |
| Verwandte Übungen: | "Den anderen dazu bringen, etwas zu tun" - "Den anderen zum Lachen bringen" - "Den anderen aus dem kritischen Eltern-Ich herausholen" |

# Den anderen dazu bringen, etwas zu tun

Erleben

---

| | |
|---|---|
| Zielsetzung: | Erleben der Ich-Zustände<br>Bewußteres Wahrnehmen des Partners |
| Übungstyp: | Übung für Zweier-Gruppen |
| Dauer: | Zirka 15 Minuten |
| Hilfsmittel: | Kärtchen und Stift |
| Ablauf: | Der Trainer gibt jedem Teilnehmer ein Kärtchen, auf welchem eine bestimmte, im gegebenen Rahmen durchführbare Anweisung geschrieben steht.<br><br>Wenn jeder Teilnehmer sein Kärtchen mit der Anweisung hat, wählt er sich einen Partner und versucht diesen irgendwie dazu zu bringen, das zu tun, was auf dem Kärtchen steht.<br><br>Wichtig ist, daß alle Teilnehmer gleichzeitig versuchen ihren Partner dazu zu bringen, die entsprechende Anweisung auszuführen.<br><br>Die Teilnehmer können sich dann gemeinsam überlegen, wie sie vorgegangen sind und ob ihre jeweilige Vorgehensweise zum Ziel geführt hat oder nicht. |
| Handling: | Der Trainer beschriftet vor dieser Übung für jeden Teilnehmer ein Kärtchen mit einer beliebigen Anweisung (etwa: "Einen Börsentip geben", "Kritik äußern", "Ein privates Erfolgsrezept preisgeben", "Einen Urlaubstip geben", "Eine seltene Sehenswürdigkeit beschreiben" oder "Einen Witz erzählen").<br><br>Die Teilnehmer können im Plenum nach der Übung diskutieren, in welchem Ich-Zustand sie während der Übung waren und ob ihr Verhalten in irgendeiner Weise typisch für sie war. |
| Verwandte Übungen: | "Aufstehen" - "Den anderen zum Lachen bringen" - "Den anderen aus dem kritischen Eltern-Ich herausholen" |

# Eigene Beziehung
# zu den Ich-Zuständen klären

Erleben

---

| | |
|---|---|
| Zielsetzung: | Über bisher Gelerntes reflektieren<br>Beziehung zu den Ich-Zuständen klären |
| Übungstyp: | Phantasiereise |
| Dauer: | Zirka 15 Minuten |
| Hilfsmittel: | Keine |
| Ablauf: | Der Trainer gibt den Seminarteilnehmern folgende Übungsanleitung:<br><br>"Überlegen Sie sich, welche Informationen und Eindrücke Sie bisher zum Thema "Ich-Zustände" sammeln konnten. Welcher Ich-Zustand ist Ihnen besonders sympathisch ..? Welcher weniger ..? Welchen finden Sie aufregend ..? Welchen langweilig ..? Welcher ist Ihnen unheimlich ..?" |
| Handling: | Eventuell anschließende Diskussion im Plenum.<br><br>Mögliche Fragen an die Teilnehmer:<br><br>● Welchen Stellenwert haben die Ich-Zustände in Ihrem beruflichen Alltag? |
| Verwandte Übungen: | "Selbstbeobachtung" - "Elternreaktionen" - "Angepaßtes Kind" |

# Ich-Zustands-Rollenspiel  Erleben

---

| | |
|---|---|
| Zielsetzung: | Besseres Kennenlernen der einzelnen Ich-Zustände und deren Zusammenwirken |
| Übungstyp: | Übung im Plenum |
| Dauer: | Zirka 15 Minuten |
| Hilfsmittel: | Eventuell Video-Anlage |
| Ablauf: | Zu einem vom Trainer vorgegebenen Problem (zum Beispiel: "Wollen wir heute abend bis elf Uhr Seminar machen?") führen fünf freiwillige Teilnehmer, von denen jeder einen Ich-Zustand quasi als Rolle übernommen hat, ein spontanes Rollenspiel durch. |
| | Die Teilnehmer achten darauf, daß sie sich konsequent an ihre jeweilige Rolle halten. |
| Handling: | Bevor der Ablauf der Übung erklärt wird, kann der Trainer die fünf möglichen Ich-Zustände auf einem Flip-Chart-Bogen quasi feilbieten. Aus dem Plenum werden dann die Meldungen der Freiwilligen für eine bestimmte Rolle entgegengenommen. |
| | Die Übung kann per Video-Anlage mitgeschnitten und der Film anschließend als Diskussionsgrundlage verwendet werden. |
| | Mögliche Fragen zur Diskussion: |
| | • Wie sind die einzelnen Rollen wahrgenommen worden? |
| | • Aus welchem Ich-Zustand hat sich ein Teilnehmer für eine bestimmte Rolle entschieden? |
| Verwandte Übungen: | "Problemlösung nach Ich-Zuständen" - "Problemlösung" "Ich-Zustände und Problemlösung" - "Unternehmensprobleme und Ich-Zustände" |

# Problemlösung nach Ich-Zuständen

Erleben

| | |
|---|---|
| Zielsetzung: | Problemlösungsansätze aus den verschiedenen Ich-Zuständen erarbeiten und kennenlernen |
| Übungstyp: | Kleingruppenarbeit |
| Dauer: | Zirka 45 Minuten |
| Hilfsmittel: | Filzstifte und Flip-Chart-Bögen |
| Ablauf: | Die Teilnehmer bilden maximal fünf Kleingruppen. |
| | Jede Gruppe hat die Aufgabe, ein gemeinsam vorgegebenes Problem betrieblicher Art aus einem bestimmten Ich-Zustand heraus zu lösen. |
| | Es stehen dabei die folgenden fünf Ich-Zustände zur Auswahl: kritisches Eltern-Ich, unterstützendes Eltern-Ich, Erwachsenen-Ich, natürliches Kind und angepaßtes Kind. |
| | Der Trainer informiert die Gruppe über ein zu lösendes Problem (etwa: "Der ständig zu spät kommende Mitarbeiter"). |
| | In den einzelnen Arbeitsräumen versuchen die Kleingruppen dann, entsprechend dem Ich-Zustand, den sie repräsentieren, einen Lösungsansatz zu finden, der dann auf einem Flip-Chart-Bogen festgehalten werden soll. |
| | Die Teilnehmer treffen sich am Ende der Übung wieder im Plenum, wo die gefundenen Lösungsansätze verglichen und diskutiert werden. |
| Handling: | Das von den Kleingruppen zu bearbeitende Problem kann durchaus auch ein aktuelles Problem eines Seminarteilnehmers sein. |
| | Anschließend Diskussion im Plenum, gegebenenfalls mit der Frage: |
| | • Welcher der gefundenen Lösungsansätze oder gegebenenfalls welche Kombination von Lösungsansätzen ist weiterführend? |
| Verwandte Übungen: | "Ich-Zustands-Rollenspiel" - "Ich-Zustände und Problemlösung" - "Problemlösung" - "Unternehmensprobleme und Ich-Zustände" |

# Unternehmensprobleme
# und Ich-Zustände

Erleben

| | |
|---|---|
| Zielsetzung: | Zusammenhänge zwischen Unternehmensproblemen und Ich-Zuständen erkennen können.<br>Informationen über den eigenen Management-Stil sammeln. |
| Übungstyp: | Einzelarbeit |
| Dauer: | Zirka 60 Minuten |
| Hilfsmittel: | Vorgedruckte Seminarunterlagen (siehe nächste Seite), Schreibmaterial |
| Ablauf: | Der Trainer gibt den Seminarteilnehmern folgende Übungsanleitung:<br><br>" Notieren Sie zu vier Problemen oder Situationen aus Ihrem betrieblichen Umfeld die entsprechenden Punkte, die Sie auf Ihrem Übungsblatt finden." |
| Handling: | Mögliche Fragen an die Teilnehmer:<br>● Was haben Sie über sich selbst gelernt?<br>● Was möchten Sie in Zukunft anders machen? |
| Verwandte Übungen: | "Problemlösung" - "Ich-Zustände und Problemlösung"<br>"Problemlösung nach Ich-Zuständen"<br>"Ich-Zustands-Rollenspiel" |

# Unternehmensprobleme
# und Ich-Zustände

| Das Problem oder die Situation | Meine Ansicht | Was bis jetzt erreicht wurde | Was ich hätte erreichen sollen (El-Ich) | Was ich erreichen wollte (K-Ich) | Was ich realistischerweise erreichen kann (Er-Ich) |
|---|---|---|---|---|---|
| | | | | | |
| | | | | | |
| | | | | | |
| | | | | | |

# Was würden Sie verändern?

Erleben

| | |
|---|---|
| Zielsetzung: | Kennenlernen der eigenen Ich-Zustände |
| Übungstyp: | Kleingruppenarbeit |
| Dauer: | Zirka 30 Minuten |
| Hilfsmittel: | Keine |
| Ablauf: | Die Teilnehmer bilden Kleingruppen und diskutieren darüber, was sie in ihrem Unternehmen (Beruf, Verein, etc.) verändern würden, wenn sie die Befugnis dazu hätten. |
| | Dabei soll jeder für sich zunächst über seine eigene momentane berufliche Situation nachdenken und gleichzeitig auf seine Körpergefühle achten. |
| | Die Teilnehmer hören sich dann gegenseitig ihre Vorschläge an und bemühen sich dabei, dem jeweils Sprechenden aktiv zuzuhören, das heißt, ihn dadurch zu verstehen, daß sie sich in seine Lage hineinversetzen und auf das eingehen, was er sagt. |
| | Es sollen hier auch Vorschläge zur Sprache kommen, die sonst nicht geäußert würden. |
| Handling: | Mögliche Fragen an die Teilnehmer: |

- Was haben Sie durch diese Übung über Ihr Eltern-Ich herausgefunden?
- Welche Ideen kamen aus Ihrem natürlichen Kind?
- Welche Ansichten kamen vom angepaßten Kind?
- Was sagte Ihnen Ihr Erwachsenen-Ich?
- Wie reagieren Sie, wenn Sie überraschend eine Erlaubnis gekommen?

| | |
|---|---|
| Verwandte Übungen: | "Was mich am meisten ärgert" - "Ich-Zustände und Kollegen" - "Mitarbeiter finde ich gut, wenn sie..." "Kooperation und Kommunikation im Beruf" |

# Was mich am meisten ärgert

Erleben

| | |
|---|---|
| Zielsetzung: | Ich-Zustände in eigenen Einstellungen erkennen |
| Übungstyp: | Kleingruppenarbeit mit Beobachtern |
| Dauer: | Zirka 40 Minuten |
| Hilfsmittel: | Keine |
| Ablauf: | Die Teilnehmer bilden Kleingruppen und diese bestimmen jeweils wieder einen Beobachter. |
| | Bis auf den Beobachter diskutieren alle Teilnehmer in ihren Kleingruppen Themen, worüber man sich am Arbeitsplatz am meisten ärgert. |
| | Die Beobachter versuchen, die Äußerungen nach Ich-Zuständen zu analysieren. |
| | Anschließend gemeinsame Diskussion aller Kleingruppenmitglieder. |
| Handling: | Das in den Kleingruppen gesammelte Beobachtungsmaterial kann im Plenum zusammengetragen und gemeinsam diskutiert werden. |
| | Mögliche Fragen an die Teilnehmer: |
| | • Worüber ärgern Sie sich? |
| | • Wie reagieren, beziehungsweise handeln Sie dann? |
| | • Wie wirkt das auf andere? |
| Verwandte Übungen: | "Was würden Sie verändern?" - "Ich-Zustände und Kollegen" - "Mitarbeiter finde ich gut, wenn sie ..." "Kooperation und Kommunikation im Beruf" |

# Wenn ich jung wäre    Alternativen

| | |
|---|---|
| Zielsetzung: | Aktivierung des natürlichen Kindheits-Ichs. Auf eigene Ängste aufmerksam werden. |
| Übungstyp: | Zweier-Gespräch |
| Dauer: | Zirka 15 Minuten |
| Hilfsmittel: | Keine |
| Ablauf: | Der Trainer gibt den Seminarteilnehmern folgende Übungsanleitung: "Wählen Sie sich einen Partner aus der Runde und unterhalten Sie sich zusammen darüber, was Sie tun würden, wenn Sie wieder jung wären. Überlegen Sie sich dabei auch, wie Sie dies vielleicht heute noch erreichen könnten." |
| Handling: | Mögliche Fragen an die Teilnehmer:<br>● Was hindert Sie daran, etwas Bestimmtes zu tun?<br>● Wovor haben Sie Angst?<br>● Was könnte schlimmstenfalls passieren, wenn Sie Ihre Angst überwinden? |
| Verwandte Übungen: | "Was ich gerne tue" - "Vergnüglichste Episode"<br>"Feiertag" - "Was tut dem anderen gut" |

# Ich-Zustands-Äußerungen  Alternativen

**Zielsetzung:** Erkennen und Zuordnen von Ich-Zuständen in/zu eigenen Äußerungen

**Übungstyp:** Einzelarbeit

**Dauer:** Zirka 20 Minuten

**Hilfsmittel:** Vorgedruckte Seminarunterlagen (siehe nächste Seite), Schreibmaterial

**Ablauf:** Übungsanleitung siehe nächste Seite

**Handling:** Mögliche Fragen an die Teilnehmer:
- Ist Ihnen die Übung eher leicht oder eher schwer gefallen? Warum?
- Wem gegenüber und in welchen Situationen sind Ihre Äußerungen weiterführend beziehungsweise nicht weiterführend?
- Was können Sie künftig tun?
- Was können Sie gegebenenfalls vermeiden?

**Verwandte Übungen:** "Ich-Zustands-Reaktionen" - "Ich-Zustands-Fragebogen"

# Ich-Zustands-Äußerungen

Geben Sie zwei Beispiele von kritischen Bemerkungen, die Sie am Arbeitsplatz gemacht haben und die dem Angesprochenen weitergeholfen (A) bzw. nicht weitergeholfen (B) haben.

A. _____

_____

B. _____

_____

Geben Sie zwei Beispiele von unterstützenden Bemerkungen, die Sie am Arbeitsplatz gemacht haben und die dem Angesprochenen weitergeholfen (A) bzw. nicht weitergeholfen (B) haben.

A. _____

_____

B. _____

_____

Geben Sie je ein Beispiel für eine hilfreiche Erwachsenen-Ich-Bemerkung, die Sie an Ihrem Arbeitsplatz gemacht haben (A) und für eine nicht hilfreiche Bemerkung (B).

A. _____

_____

B. _____

_____

# Ich-Zustände und Kollegen  Alternativen

| | |
|---|---|
| Zielsetzung: | Auseinandersetzung mit Personen, mit denen man beruflich zu tun hat |
| Übungstyp: | Einzelarbeit |
| Dauer: | Zirka 20 Minuten |
| Hilfsmittel: | Eventuell Stift und Papier |
| Ablauf: | Der Trainer gibt den Seminarteilnehmern folgende Übungsanleitung: |

"Denken Sie an drei Ihrer Kollegen oder Mitarbeiter oder Kunden, mit denen Sie regelmäßig zusammenarbeiten und versuchen Sie für sich, die folgenden Fragen zu beantworten:

- Wie würden Sie jeden dieser Kollegen etc. mittels der Terminologie der Ich-Zustände beschreiben?
- Wie könnten Sie mit jedem dieser Kollegen, falls nötig, produktiver umgehen?
- In welchem Ich-Zustand müßte sich ein Kollege weitgehend aufhalten, damit er am besten zu Ihnen paßt?

Handling: Mögliche Fragen für die anschließende Diskussion:

- In welchem Ich-Zustand haben Sie sich vorwiegend während dieser Übung aufgehalten?
- Bis zu welchem Grad sind Ihre Beschreibungen von Ihren Rollenerwartungen an jeden einzelnen beeinflußt?

Verwandte Übungen: "Mitarbeiter finde ich gut, wenn sie ..." - "Kooperation und Kommunikation im Beruf" - "Was mich am meisten ärgert" - "Was würden Sie verändern"

# Kooperation und
# Kommunikation im Beruf

Alternativen

| | |
|---|---|
| Zielsetzung: | Kennenlernen von Ich-Zuständen im beruflichen Alltag und Finden von Alternativen |
| Übungstyp: | Einzel-, anschließend Kleingruppenarbeit |
| Dauer: | Zirka 45 Minuten |
| Hilfsmittel: | Keine |
| Ablauf: | Jeder Teilnehmer stellt sich zunächst in Einzelarbeit eine Person vor, mit der er gut zusammenarbeitet und überlegt sich, wie diese Person kommuniziert, das heißt welche Ich-Zustände sie benützt. |
| | Anschließend stellen sich die Teilnehmer jemanden vor, mit dem sie zusammenarbeiten, aber weniger gut auskommen. Geklärt werden soll dabei die Frage, wie diese Person kommuniziert. |
| | Die Teilnehmer bilden dann Kleingruppen und tauschen ihre Erfahrungen untereinander aus. Mögliche Verhaltensalternativen sollen diskutiert werden. |
| Handling: | Das in den Kleingruppen gesammelte Material wird im Plenum zusammengetragen und auf dem Flip-Chart visualisiert. |
| | Der Trainer erklärt den Teilnehmern gegebenenfalls, ob eine Äußerung einem bestimmten Ich-Zustand zugerechnet werden kann oder nicht. |
| | Mögliche Fragen an die Teilnehmer: |

- In welchem Ich-Zustand befanden Sie sich vorwiegend während dieser Übung?
- Wie wirkt dies auf Sie?
- Welche Ihrer Einstellungen, Erfahrungen, Gefühle werden angesprochen?
- Aus welchem Ich-Zustand reagieren Sie dann diesem Gesprächspartner gegenüber?
- Im Falle einer weniger guten Zusammenarbeit, welche Alternativen haben Sie?

Verwandte Übungen: "Ich-Zustände und Kollegen" - "Mitarbeiter finde ich gut, wenn sie ..." - "Was mich am meisten ärgert" "Was würden Sie verändern?"

# Den anderen aus dem kritischen Eltern-Ich herausholen

Alternativen

| | |
|---|---|
| Zielsetzung: | Abbau des kritischen Eltern-Ichs |
| Übungstyp: | Übung für Zweier-Gruppen mit anschließendem Rollentausch |
| Dauer: | Zirka 20 Minuten |
| Hilfsmittel: | Keine |
| Ablauf: | Die Teilnehmer wählen sich einen Übungspartner aus der Runde. |
| | Einer von den beiden geht zunächst in die Rolle des kritischen Eltern-Ichs (etwa dadurch, daß er den anderen beschimpft oder ihn kritisiert) während der Partner versucht, ihn aus diesem Ich-Zustand durch Fragen aus dem Erwachsenen-Ich herauszuholen. |
| | Derjenige, der sich in der kritischen Eltern-Position befindet, kann sich dazu ein beliebiges Thema auswählen. |
| Handling: | Der Trainer kann diese Übung gegebenenfalls selbst im Plenum durchführen. Ein Freiwilliger aus der Runde geht in die kritische Position und der Trainer zeigt, wie er ihn durch realistische Fragestellungen in kürzester Zeit aus diesem Ich-Zustand herausholt. (Etwa: "Wie hätte ich mich Ihrer Meinung nach in dieser Situation anders verhalten können?") |
| | Einige Fragen zur Diskussion: |
| | • Ist es Ihnen gelungen, den anderen aus dem kritischen Eltern-Ich herauszuholen? |
| | • Was war schwierig? |
| | • Was ist während dieser Übung in Ihnen vorgegangen? |
| Verwandte Übungen: | "Aufstehen" - "Den anderen dazu bringen, etwas zu tun" - "Den anderen zum Lachen bringen" |

# Ich-Zustände
# und Problemlösung

Alternativen

---

Zielsetzung: Problemlösung unter Berücksichtigung der Einflüsse aus den verschiedenen Ich-Zuständen

Übungstyp: Einzelarbeit

Dauer: Zirka 30 Minuten

Hilfsmittel: Vorgedruckte Seminarunterlagen (siehe nächste Seite), Schreibmaterial

Ablauf: Übungsanleitung siehe nächste Seite

Handling: Mögliche Fragen an die Teilnehmer:
- Sind Sie mit der gefundenen Lösung zufrieden? Warum oder warum nicht?
- Warum sind Sie eventuell zu keiner Lösung gekommen?
- Glauben Sie, daß noch andere als die vorgegebenen Kriterien für die Problemlösung wichtig sind? Wenn ja, welche?

Verwandte Übungen: "Problemlösung" - "Unternehmensprobleme und Ich-Zustände" "Problemlösung nach Ich-Zuständen" - "Ich-Zustands-Rollenspiel"

# Ich-Zustände und Problemlösung

Überlegen Sie sich ein Problem aus dem privaten oder beruflichen Bereich, das Sie gerne lösen möchten. Beschreiben Sie es kurz.

Bei dem Problem handelt es sich um:
_____
_____

Meine Mutter würde sagen:                    Mein Vater würde sagen:
_____                         _____

und tun: _____                        und tun: _____
und fühlen: _____                        und fühlen: _____
_____                         _____


Informationen, die ich                        Informationen, die ich
noch brauche: _____                        bereits habe: _____
_____                         _____


Was steckt hinter diesem                      Mein eigenes Gefühl zum
Gefühl: _____                        Sachverhalt: _____
_____                         _____


Wie könnte eine Lösung
jetzt aussehen: _____
_____
_____

# Ich-Zustands-Reaktionen   Alternativen

| | |
|---|---|
| Zielsetzung: | Besseres Kennenlernen der Ich-Zustände. Eigene Reaktionen und Handlungsweisen besser verstehen und einschätzen können. |
| Übungstyp: | Einzelarbeit |
| Dauer: | Zirka 30 Minuten |
| Hilfsmittel: | Vorgedruckte Seminarunterlagen (siehe nächste Seite), Schreibmaterial |
| Ablauf: | Übungsanleitung siehe nächste Seite |
| Handling: | Einige Fragen für die Teilnehmer zur anschließenden Bearbeitung: |

- Wie erklären Sie sich Ihre Reaktionen? (Zum Beispiel welche Eltern-Botschaften hören Sie bei Ihren Reaktionen aus dem Eltern-Ich?)
- Was sagen Ihre Reaktionen über Ihr Verhältnis zu bestimmten Personen oder Personengruppen aus?
- Was sagen die Reaktionen über Sie aus? (Zum Beispiel welche Gefühlsmaschen stehen hinter Ihren Reaktionen aus dem Kindheits-Ich?)
- Was sind kritische Situationen für Sie?
- Was können Sie im Augenblick an Ihrem Verhalten verändern?
- Welche Alternativen haben Sie zu Ihrem bisherigen Verhalten?

Verwandte Übungen: "Ich-Zustands-Äußerungen" - "Ich-Zustands-Fragebogen"

# Ich-Zustands-Reaktionen

Bitte überlegen Sie sich,

- wann,
- in welcher Situation,
- wem gegenüber,
- wie häufig

verhalten Sie sich aus folgenden Ich-Zuständen heraus? Je konkreter Sie diese Fragen beantworten, um so mehr bringt Ihnen diese Übung.

Kritisches Eltern-Ich: _____
_____
_____

Unterstützendes Eltern-Ich: _____
_____
_____

Erwachsenen-Ich: _____
_____
_____

Natürliches Kindheits-Ich: _____
_____
_____

Angepaßtes Kindheits-Ich: _____
_____
_____

Welche Ihrer Reaktionen sind angemessen, welche nicht:
_____
_____
_____

# Problemlösung

Alternativen

---

| | |
|---|---|
| Zielsetzung: | Aktivierung des Erwachsenen-Ichs<br>Schrittweise Problemlösung unter Berücksichtigung der Ich-Zustände |
| Übungstyp: | Einzelarbeit |
| Dauer: | Mindestens 75 Minuten |
| Hilfsmittel: | Vorgedruckte Seminarunterlagen (siehe nächste Seite), Schreibmaterial |
| Ablauf: | Übungsanleitung siehe nächste Seite |
| Handling: | Mögliche Fragen an die Teilnehmer:<br>● In welchem Ich-Zustand waren Sie vorwiegend während dieser Übung?<br>● Konnten Sie alle Schritte einhalten oder haben sich Ihnen Hindernisse in den Weg gestellt? Wenn ja, welche?<br>● Aus welchen Ich-Zuständen heraus haben Sie Ihre Entscheidungen gefällt?<br>● Wo haben Sie sich gegebenenfalls selbst behindert?<br>● Welche anderen Probleme würden Sie künftig nach derselben Methode lösen wollen? Warum? |
| Verwandte Übungen: | "Unternehmensprobleme und Ich-Zustände" - "Ich-Zustände und Problemlösung" - "Problemlösung nach Ich-Zuständen" "Ich-Zustands-Rollenspiel" |

# Problemlösung

Aktivieren Sie im Zusammenhang mit einem beruflichen oder privaten Problem Ihrer Wahl Ihr Erwachsenen-Ich nach folgender schrittweiser Methode:

1. Definieren Sie das Problem schriftlich.

2. Was sagt Ihr Eltern-Ich zu diesem Problem?

3. Wie äußert sich Ihr Kindheits-Ich?

4. Vergleichen Sie die erhaltenen Daten mit den Informationen aus dem Erwachsenen-Ich.

5. Überlegen Sie sich nun ohne eine Zensur mögliche Lösungsalternativen.

6. Denken Sie nun an die Hilfsmittel, die für die einzelnen Lösungen erforderlich sind. Stehen diese Hilfsmittel zur Verfügung? Sind sie angemessen?

7. Schätzen Sie von hier ausgehend die prozentualen Erfolgschancen jeder Lösungsalternative ein und scheiden Sie nicht realisierbare aus.

8. Entscheiden Sie sich nun für zwei oder drei Alternativen, die zum momentanen Zeitpunkt den meisten Erfolg zu versprechen scheinen und bedenken Sie mögliche Konsequenzen.

9. Entscheiden Sie sich jetzt für die beste Lösung und schließen Sie einen Vertrag über die Durchführung dieser Lösung.

10. Handeln Sie gemäß Ihrer Entscheidung und treffen Sie gegebenenfalls nötige Änderungen.

# Übungen zu Rollen-Skript/ Elternbotschaften

| Übung | Seite |
|---|---|
| 1. Name und Identität | 87 |
| 2. Prahlen | 88 |
| 3. Spielsituation "Opfer-Retter-Verfolger" | 89 |
| 4. Rollenspiel mit Szenenvorgabe | 91 |
| 5. Gefühle und Rollen | 92 |
| 6. Individuelle Normen im Beruf | 97 |
| 7. Persönliches Rollenbuch und Feedback-Verhalten | 99 |
| 8. Karriere-Skript | 101 |
| 9. Maske | 104 |
| 10. Märtyrer | 105 |
| 11. Wartespiel | 106 |
| 12. Rollenspiel I | 107 |
| 13. Persönliche Skriptanalyse | 108 |
| 14. Miniskript | 111 |
| 15. Anstrengung | 114 |
| 16. Spiel mit psychologischen Rollen | 115 |
| 17. Regisseur | 116 |
| 18. Lebensbühne | 118 |
| 19. Rollenbuch der Organisation | 120 |

Die Übungen zum Themenbereich "Rollen-Skript - Eltern-Botschaften" sind nach den folgenden Schwierigkeits-abstufungen geordnet:

- Leichte Übung

- Mittlerer Schwierigkeitsgrad

- Schwierige Übung

Diese Grobeinteilung entspricht Erfahrungswerten aus unserer beruflichen Praxis und erhebt keinen Anspruch auf absolute Genauigkeit.

Der entsprechende Vermerk findet sich auf jedem Übungsblatt rechts oben.

# Name und Identität

Leicht

| | |
|---|---|
| Zielsetzung: | In Kontakt kommen mit dem eigenen Rollenbuch |
| Übungstyp: | Einzelarbeit, dann Zweier-Gespräch |
| Dauer: | Zirka 20 Minuten |
| Hilfsmittel: | Schreibmaterial |
| Ablauf: | Der Trainer gibt den Seminarteilnehmern folgende Übungsanleitung: |

"Denken Sie jetzt einmal bewußt an Ihren vollen Namen. Welche Bedeutung hat er für Sie im Hinblick auf Ihr Rollenbuch? Welche Identität hat er Ihnen gegeben? Wenn Sie möchten, können Sie sich darüber auf einem Blatt Papier Gedanken machen."

Anschließend wählen sich die Teilnehmer einen Partner und diskutieren miteinander, worüber sie sich Gedanken gemacht haben und was im Zusammenhang mit Ihrem Namen wichtig für sie ist.

Handling: Der Trainer kann den Teilnehmern einige Fragen zur Anregung mitgeben.

Beispiele:

- Wer hat Ihren Namen ausgewählt? Warum?
- Wurden Sie nach jemandem genannt? Wenn ja, waren mit Ihrem Namen bestimmte Erwartungen verbunden?
- Welche Spitznamen haben Sie?
- Beeinflussen Ihre Namen oder Spitznamen Ihr Selbstbild?
- Werden Sie zu Hause anders genannt als bei der Arbeit? Wenn ja, was bedeutet das?
- Wie werden Sie am liebsten genannt? Warum?

Verwandte Übungen: Keine

# Prahlen

Leicht

| | |
|---|---|
| Zielsetzung: | Eigene Rollen, "Antreiber" und "Stopper" kennenlernen<br>Auf positive oder negative Aspekte des eigenen Drehbuchs aufmerksam werden |
| Übungstyp: | Übung im Plenum |
| Dauer: | Die Übungsdauer ist variabel, je nachdem, wieviele Teilnehmer die Übung wiederholen möchten. |
| Hilfsmittel: | Keine |
| Ablauf: | Der Trainer gibt den Seminarteilnehmern folgende Übungsanleitung:<br><br>"Denken Sie an etwas, womit Sie prahlen können. Stehen Sie auf und prahlen Sie vor der Gruppe. Achten Sie insbesondere auch auf die Gedanken, die Ihnen durch den Kopf gehen und die Gefühle, die Sie dabei haben."<br><br>Die übrigen Teilnehmer können jede Äußerung Ihres Kollegen mit Applaus verstärken. |
| Handling: | Mögliche Fragen an die Teilnehmer:<br>● Was ist Ihnen bei dieser Übung durch den Kopf gegangen? (Der Trainer kann den Teilnehmern die "Stopper" bewußt machen.)<br>● Wie haben Sie sich vor, während und nach dieser Übung gefühlt? |
| Verwandte Übungen: | "Maske" - "Märtyrer" - "Wartespiel" - "Anstrengung" |

# Spielsituation
# "Opfer-Retter-Verfolger"

Leicht

| | |
|---|---|
| Zielsetzung: | In Kontakt kommen mit dem eigenen Rollenverhalten und den entsprechenden Reaktionsweisen |
| Übungstyp: | Einzelarbeit |
| Dauer: | Zirka 20 Minuten |
| Hilfsmittel: | Vorgedruckte Seminarunterlagen (siehe nächste Seite), Schreibmaterial |
| Ablauf: | Nachdem jeder Teilnehmer die Unterlage ausgefüllt hat, eventuell noch Diskussion. Anleitung zur Durchführung der Übung siehe nächste Seite |
| Handling: | Mögliche Fragen für die Diskussion:<br>• In welche Rolle gehen Sie am Arbeitsplatz gegenüber Ihren Kollegen, Mitarbeitern und Führungskräften? Was passiert? Wer geht gegebenenfalls in die komplementäre oder in die andere Rolle?<br>• Welche Gefühle und Einstellungen sind bei Ihnen und den anderen wahrscheinlich vorhanden?<br>• Gibt es Situationen, in welchen Sie bewußt in eine psychologische Rolle schlüpfen?<br>• Erkennen Sie bei sich selbst ein sich ständig wiederholendes Rollenverhalten? |
| Verwandte Übungen: | "Rollenspiel mit Szenenvorgabe" - "Rollenspiel I" "Spiel mit psychologischen Rollen" - "Gefühle und Rollen" |

# Spielsituation "Opfer-Retter-Verfolger"

Denken Sie an fünf Situationen im Beruf oder privat, wo Sie eine der drei Rollen einnehmen. Notieren Sie sich die Art und Weise, wie Sie fühlen und handeln, um die Rolle oder die Spielsituation aufrechtzuerhalten.

Rolle, in der ich bin:

_____
_____
_____
_____

Wo spiele ich?

_____
_____
_____
_____

Was sage und tue ich?

_____
_____
_____
_____

# Rollenspiel mit Szenenvorgaben　　　　　　　　Leicht

**Zielsetzung:** Kennenlernen der psychologischen Rollen in vorgegebenen Spielsituationen

**Übungstyp:** Übung im Plenum mit mehreren agierenden Teilnehmern

**Dauer:** Pro Rollenspiel zirka 20 Minuten

**Hilfsmittel:** Keine

**Ablauf:** Der Trainer gibt unterschiedliche Szenen vor und sucht für die dann folgenden Rollenspiele Mitspieler aus der Runde.

Die Themen können allgemeiner Art sein ("Polizist erwischt Verkehrssünder") oder aus dem beruflichen Alltag stammen ("Mitarbeiter beschwert sich beim Chef über seinen Kollegen").

**Handling:** Mögliche Arbeitsfragen:

- Wie beurteilen Sie die beschriebenen Situationen und das Verhalten der Beteiligten?
- Welche Gefühle und Einstellungen sind bei den beteiligten Spielern wahrscheinlich vorhanden gewesen?
- Wie wirken sich die jeweiligen Gefühle und Einstellungen auf die Lösung des Problems aus?
- Was hätten Sie in einer bestimmten Situation anders gemacht?

**Verwandte Übungen:** "Spiel mit psychologischen Rollen" - "Rollenspiel I" " Gefühle und Rollen" - "Spielsituation: Opfer-Retter-Verfolger"

# Gefühle und Rollen                                                  Leicht

---

| | |
|---|---|
| Zielsetzung: | Kennenlernen des eigenen Rollenverhaltens in verschiedenen, vorstrukturierten Situationen |
| Übungstyp: | Einzelarbeit |
| Dauer: | Zirka 40 Minuten |
| Hilfsmittel: | Vorgedruckte Seminarunterlagen (siehe nächste Seite), Schreibmaterial |
| Ablauf: | Die Teilnehmer kreuzen spontan ihre Reaktionen auf der ausgeteilten Unterlage an und vergleichen mit der Auswertung.<br><br>Anschließend eventuell noch Diskussion und Besprechung der Antworten. |
| Handling: | Mögliche Fragen an die Teilnehmer:<br>● Wie häufig haben Sie eine der drei psychologischen Rollen angekreuzt und wie häufig sind Sie mit der gewählten Reaktionsweise in keiner Rolle gewesen?<br>● Was sagen diese Zahlen über Ihre gefühlsmäßigen Reaktionen aus? |
| Verwandte Übungen: | "Spiel mit psychologischen Rollen" - "Rollenspiel I"<br>"Rollenspiel mit Szenenvorgabe" - "Spielsituation: Opfer-Retter-Verfolger" |

# Gefühle und Rollen  Seite 1

Bitte kreuzen Sie spontan Ihre Reaktion auf folgende Situation an:

1. Ein Mitarbeiter macht einen Fehler, den er nicht mehr hätte machen dürfen.

   ○ Sie stauchen ihn zusammen.
   ○ Sie haben Verständnis und erklären ihm den Fehler.
   ○ Sie fragen ihn, wie er die Situation sieht.
   ○ Sie korrigieren stillschweigend den Fehler selbst, weil Sie eine Auseinandersetzung vermeiden wollen.

2. Ein Kollege intrigiert gegen Sie bei Ihrem gemeinsamen Vorgesetzten.

   ○ Sie tun gar nichts, denn Ihr Vorgesetzter wird schon wissen, ob er Ihrem Kollegen Glauben schenken soll.
   ○ Sie überlegen sich, wie Sie diesem Kollegen ein Bein stellen können.
   ○ Sie erklären Ihrem Kollegen, daß Sie nicht sein Feind, sondern sein Freund sind.
   ○ Sie setzen sich offen und sachlich mit dem Kollegen auseinander.

3. Sie erhalten eine neue Organisationsanweisung, die offensichtlich Unsinn ist.

   ○ Sie überlegen sich, wie Sie die Anweisung unterlaufen können.
   ○ Sie fragen bei dem zurück, von dem die Anweisung stammt.
   ○ Sie denken sich: "Irgend etwas werden die sich dabei sicher gedacht haben."
   ○ Sie versuchen, das Beste daraus zu machen.

# Gefühle und Rollen  Seite 2

4. Sie werden von Ihrem Chef unsachlich und ungerechtfertigt kritisiert.

   ○ Sie lassen die Sache auf sich beruhen, weil jedem einmal die Nerven durchgehen können.
   ○ Sie beschweren sich beim nächsthöheren Vorgesetzten.
   ○ Sie tun nichts, weil Sie Ihren Chef nicht ändern können.
   ○ Sie sagen ihm, daß Sie seine Kritik für unsachlich und ungerechtfertigt halten.

5. Sie bekommen einen Termin aufs Auge gedrückt, den Sie ohne erhebliche Überstunden nicht einhalten können.

   ○ Sie beklagen sich bei Ihren Kollegen und bitten Ihre Familie um Verständnis.
   ○ Sie beißen die Zähne zusammen und halten den Termin ein, weil Sie wissen, daß Ihr Chef ebenso unter Druck steht wie Sie.
   ○ Sie halten den Termin zwar ein, arbeiten die Vorlage aber zwangsläufig nicht mit der sonstigen Sorgfalt aus.
   ○ Sie reden mit Ihrem Vorgesetzten darüber, ob er Sie anderweitig entlasten kann.

6. Ein Mitarbeiter kommt ständig zu spät.

   ○ Sie fragen ihn nach der Ursache.
   ○ Sie sagen nichts, weil Sie nicht als Pedant dastehen wollen.
   ○ Sie weisen ihn darauf hin, daß Sie das mit Rücksicht auf seine Kollegen nicht einreißen lassen können.
   ○ Sie übersehen sein Zuspätkommen, weil Sie ihn nicht in Verlegenheit bringen wollen.

# Gefühle und Rollen

Seite 3

7. Einer Ihrer Mitarbeiter beklagt sich darüber, daß Sie ihn zu wenig informieren.

   ○ Sie geben ihm recht und verweisen auf Ihre eigene Arbeitsüberlastung.
   ○ Sie geben ihm zu verstehen, daß sich ein intelligenter Mitarbeiter die Informationen selbst besorgt, die er braucht.
   ○ Sie fragen ihn, welche Informationen ihm fehlen.
   ○ Sie sagen ihm, daß er froh sein sollte, wenn er nicht alles weiß.

8. Einer Ihrer Kollegen weiß immer alles besser.

   ○ Sie fragen ihn, was er damit erreichen will.
   ○ Sie geben ihm contra und widerlegen ihn Punkt für Punkt.
   ○ Sie sagen nichts mehr, weil es doch keinen Sinn hat.
   ○ Sie geben ihm recht, weil Sie hoffen, daß er sich dann beruhigt.

9. Ihr Chef drückt sich vor Entscheidungen.

   ○ Sie halten ihn für eine Fehlbesetzung.
   ○ Sie wissen, daß er es nicht leicht hat.
   ○ Sie sagen ihm, daß Sie seine Entscheidung brauchen.
   ○ Sie können daran auch nichts ändern.

10. Sie müssem im Seminar einen langen Selbsttest mit zehn Situationen ankreuzen.

    ○ Sie halten den Test für Quatsch.
    ○ Sie fragen den Referenten nach Sinn und Zweck des Tests.
    ○ Sie denken sich, Psychologen müssen solche Fragen stellen.
    ○ Sie denken sich: "Mit uns kann man so etwas ja machen."

# Gefühle und Rollen

Auswertung

1. a) Verfolger-Rolle
   b) Retter-Rolle
   c) <u>keine Rolle</u>
   d) Opfer-Rolle

2. a) Opfer-Rolle
   b) Verfolger-Rolle
   c) Retter-Rolle
   d) <u>keine Rolle</u>

3. a) Verfolger-Rolle
   b) <u>keine Rolle</u>
   c) Opfer-Rolle
   d) Retter-Rolle

4. a) Retter-Rolle
   b) Verfolger-Rolle
   c) Opfer-Rolle
   d) <u>keine Rolle</u>

5. a) Opfer-Rolle
   b) Retter-Rolle
   c) Verfolger-Rolle
   d) <u>keine Rolle</u>

6. a) <u>keine Rolle</u>
   b) Opfer-Rolle
   c) Verfolger-Rolle
   d) Retter-Rolle

7. a) Opfer-Rolle
   b) Verfolger-Rolle
   c) <u>keine Rolle</u>
   d) Retter-Rolle

8. a) <u>keine Rolle</u>
   b) Verfolger-Rolle
   c) Opfer-Rolle
   d) Retter-Rolle

9. a) Verfolger-Rolle
   b) Retter-Rolle
   c) <u>keine Rolle</u>
   d) Opfer-Rolle

10. a) Verfolger-Rolle
    b) <u>keine Rolle</u>
    c) Retter-Rolle
    d) Opfer-Rolle

# Individuelle Normen
# im Beruf

Leicht

---

| | |
|---|---|
| Zielsetzung: | Eigene Normen beziehungsweise Antreiber im Beruf erkennen<br>Sich eigener unrealistischer Eltern-Botschaften bewußt werden |
| Übungstyp: | Einzelarbeit |
| Dauer: | Zirka 30 Minuten |
| Hilfsmittel: | Fragebogen (siehe nächste Seite), Schreibmaterial |
| Ablauf: | Siehe nächste Seite |
| Handling: | Mögliche Fragen an die Teilnehmer:<br>• Zu welchem Ergebnis sind Sie gekommen?<br>• Was haben Sie über sich gelernt?<br>• Welche Normen beeinflussen Ihr Verhalten und Ihren Führungsstil? In welchen Situationen?<br>• Was können Sie in Zukunft anders machen? |
| Verwandte Übungen: | Keine |

# Individuelle Normen im Beruf

Bitte überlegen Sie sich, worauf es in Ihrer Position ankommt. Schreiben Sie die drei Anforderungen auf, von denen Sie glauben, daß Sie sie unbedingt erfüllen müssen:

1. _____
2. _____
3. _____

Jetzt überlegen Sie sich bitte, wie Sie sich verhalten, wie Sie führen, wie Sie mit Mitarbeitern umgehen könnten, wenn Sie diese drei Anforderungen nicht unbedingt erfüllen müßten:

1. _____
2. _____
3. _____

Was würde dann geschehen, was würde passieren? _____
_____
_____

Wenn Sie bei dem einen oder anderen Punkt zu dem Ergebnis kommen, daß "eigentlich" nicht viel passieren würde, dann haben Sie einen Antreiber gefunden, eine unrealistische, kritische Eltern-Botschaft, eine Norm möglicherweise, von der nur Sie glauben, daß Sie sie erfüllen müßten.

Welche Konsequenzen können Sie daraus ziehen? _____
_____
_____
_____

# Persönliches Rollenbuch
# und Feedback-Verhalten

Leicht

| | |
|---|---|
| Zielsetzung: | In Kontakt kommen mit Eltern-Botschaften<br>Kennenlernen des eigenen Rollenbuches |
| Übungstyp: | Einzelarbeit |
| Dauer: | Zirka 30 Minuten |
| Hilfsmittel: | Fragebogen (siehe nächste Seite), Schreibmaterial |
| Ablauf: | Die Teilnehmer füllen jeder für sich den Fragebogen aus.<br>Anschließend eventuell Diskussion in Kleingruppen oder im Plenum |
| Handling: | Mögliche Fragen für die Diskussion:<br>● Ist Ihnen die Beantwortung der Fragen leicht oder schwer gefallen?<br>● Was haben Sie möglicherweise über sich gelernt?<br>● Wem gegenüber oder in welchen Situationen würden Sie sich gern anders verhalten wollen?<br>● Welche Möglichkeiten haben Sie, dieses Ziel zu erreichen? |
| Verwandte Übungen: | "Persönliche Skriptanalyse" - "Karriere-Skript"<br>"Lebensbühne" - "Regisseur" |

# Persönliches Rollenbuch und Feedback-Verhalten

1. Schreiben Sie drei Eigenschaften oder Verhaltensweisen auf, die Sie bei einer Person nicht gut fanden, die Sie in Ihrer Kindheit und Jugend stark beeinflußt hat.

2. Schreiben Sie drei Eigenschaften oder Verhaltensweisen dieser Person auf, die Sie gut fanden, die Sie gern mochten.

3. Schauen Sie sich jetzt diese Aufzählung an und fragen Sie sich, ob Sie sich genauso verhalten? Wenn ja, wem gegenüber?

4. Schreiben Sie drei wichtige "Eltern-Botschaften" auf, die Sie heute noch manchmal hören.

5. Sind diese Botschaften negativ oder positiv?

6. Beeinflussen Sie immer noch Ihr Verhalten in irgendeiner Form? In welchen Situationen? Mit wem zusammen?

7. Worüber können Sie sich bei anderen (z. B. Mitarbeitern) am meisten ärgern?

8. Denken Sie an drei Situationen, in denen Sie andere kritisiert haben. Haben Sie sich dabei ähnlich verhalten, wie es früher Ihre Eltern getan haben?

9. Worüber können Sie sich bei anderen (z. B. Mitarbeitern) am meisten freuen? Was imponiert Ihnen bei anderen?

10. Denken Sie an drei Situationen, in denen Sie andere anerkannt bzw. anderen geholfen haben. Haben Sie sich dabei ähnlich verhalten wie früher Ihre Eltern?

11. Welche "Eltern-Botschaften" können Sie bei sich selbst wiedererkennen?

12. Welche davon sind überholt, welche sind nach wie vor angemessen?

# Karriere-Skript

Leicht

| | |
|---|---|
| Zielsetzung: | Kennenlernen des eigenen Drehbuches im Hinblick auf die persönliche Karriere |
| Übungstyp: | Einzelarbeit |
| Dauer: | Zirka 40 Minuten |
| Hilfsmittel: | Fragebogen (siehe nächste Seite), Schreibmaterial |
| Ablauf: | Die Teilnehmer füllen, jeder für sich, den Fragebogen aus.<br>Anschließend eventuell Diskussion mit einem Partner |
| Handling: | Mögliche Fragen für die Diskussion:<br>• Was haben Sie durch die Beantwortung der Fragen über sich erfahren?<br>• Sind Sie mit dem, was Sie über sich erfahren haben zufrieden?<br>• Was hätten Sie nach heutigem Wissen lieber anders gemacht? Welche Ideen haben Sie über Ihre eigene berufliche Weiterentwicklung? Wie und mit welchen Hilfsmitteln wollen Sie diese Ideen verwirklichen? |
| Verwandte Übungen: | "Regisseur" - "Lebensbühne" - "Persönliches Rollenbuch und Feedback-Verhalten" - "Persönliche Skriptanalyse" "Rollenbuch der Organisation" |

# Karriere-Skript

Bitte beantworten Sie die nachfolgenden Fragen:

1. Woran denken Sie, wenn Sie das Wort "Karriere" hören?

2. Sind Sie der Auffassung, daß Sie einen guten Job haben? Wenn ja, warum? Wenn nein, warum nicht?

3. Was haben Sie getan, um dahin zu gelangen, wo Sie jetzt stehen? Wie haben Sie Ihre eigene Karriere geplant?

4. Sind Sie irgendwelchen Botschaften oder Erwartungen von außen gefolgt? Welchen?

5. Gibt es Dinge, die Ihnen mehr oder weniger in den Schoß gelegt wurden? Was zum Beispiel?

6. Wo haben Sie zu kämpfen gehabt? Welche Dinge wurden Ihnen nicht geschenkt?

7. Sind Sie auf Ihrem Karriereweg einem bestimmten Leitspruch gefolgt? Wie lautet er und woher stammt er?

8. Worauf haben Sie stets den größten Wert gelegt?

9. Worauf hätten Sie für Ihre eigene Karriere verzichtet? Was hätten Sie keinesfalls zurückgelassen oder aufgegeben?

10. Wer hat Ihnen bis jetzt zur Erreichung Ihrer beruflichen Karriere am meisten geholfen? Wodurch?

11. Welche Rolle spielen Geld, Rang und Titel in Ihrem Leben?

# Karriere-Skript

12. Was halten Sie im Privat- und Berufsleben für erstrebenswert?

13. Hat sich Ihre Investition an Zeit und Energie bisher für Sie rentiert?

14. Würden Sie denselben Karriereweg nochmals beschreiten?

15. Befinden Sie sich momentan eher in einer Phase des Stillstands oder der Weiterentwicklung?

16. In welche Richtung zielt Ihre berufliche Weiterentwicklung?

17. Welche Anstrengungen werden Sie unternehmen, um Ihre jetzige berufliche Position zu verbessern?

18. Welche Erwartungen haben Sie an Ihren Partner, an Ihre Kinder?

19. Welche Eigenschaften und Fähigkeiten machen in Ihren Augen eine erfolgreiche Führungskraft aus?

20. Sehen Sie sich nochmals Ihre Antworten an. Würden Sie einen Bewerber, von dem Sie genau die gleichen Informationen hätten, in Ihrem Unternehmen einstellen?

Wählen Sie sich einen Partner und diskutieren Sie Ihre Antworten mit ihm.

# Maske

Mittel

| | |
|---|---|
| Zielsetzung: | Eigene Rollen, "Antreiber" und "Stopper" kennenlernen<br>Motive für bestimmte Masken kennenlernen |
| Übungstyp: | Einzelarbeit, dann Zweier-Gruppen |
| Dauer: | Zirka 30 Minuten |
| Hilfsmittel: | Kärtchen, Schreibmaterial |
| Ablauf: | Der Trainer gibt den Seminarteilnehmern folgende Übungsanleitung:<br><br>"Schließen Sie Ihre Augen und denken Sie darüber nach, wie Sie anderen zeigen oder nicht zeigen, was Sie wirklich fühlen, sagen oder nicht sagen und was Sie wirklich denken. Stellen Sie sich vor, Sie haben eine Maske auf. Wie würden Sie Ihre Maske beschreiben? Notieren Sie zu jeder Maske, die Ihnen einfällt einen charakteristischen Satz auf ein Kärtchen."<br><br>Anschließend liest jeder der Reihe nach vor, was er aufgeschrieben hat. Übungsteilnehmer mit ähnlichen "Masken" setzen sich dann zusammen und diskutieren Anlässe und Motive für das Aufsetzen bestimmter, eventuell gemeinsamer "Masken". |
| Handling: | Der Trainer kann vor der Übung einige typische "Masken" auf dem Flip-Chart notieren.<br><br>Hier einige Beispiele:<br><br>• "Ich bin zu haben"<br>• "Ich bin schüchtern"<br>• "Ich möchte mich beschweren"<br>• "Hör zu, du hast nichts zu sagen"<br>• "Der stille Erdulder"<br>• "Schau, wie gut ich bin" |
| Verwandte Übungen: | "Märtyrer" - "Prahlen" - "Wartespiel" - "Anstrengung" |

# Märtyrer                                                          Mittel

| | |
|---|---|
| Zielsetzung: | Kennenlernen der eigenen "Antreiber" und "Stopper" |
| Übungstyp: | Einzelarbeit, dann Zweier-Gruppen |
| Dauer: | Zirka 30 Minuten |
| Hilfsmittel: | Eventuell Schreibmaterial |
| Ablauf: | Der Trainer gibt den Seminarteilnehmern folgende Übungsanleitung: |
| | "Schließen Sie Ihre Augen und denken Sie an bestimmte Dinge, die Sie heute tun, die Sie aber im Grunde genommen gar nicht tun wollen. Oder an Dinge, die Sie tun sollten, die Sie aber nicht tun möchten. Dinge, die Sie bestimmten Personen sagen, die Sie aber nicht sagen möchten. Überlegen Sie sich, was passieren würde, wenn Sie diese Dinge nicht tun oder sagen würden. Was würden Sie sonst tun?" |
| | Anschließend wählen sich die Teilnehmer einen Partner und diskutieren mit ihm, was sie herausgefunden haben. |
| Handling: | Mögliche Fragen an die Teilnehmer bei einer gemeinsamen Plenumsdiskussion: |
| | • In welchen Situationen sind Sie "Märtyrer"? |
| | • Welche Konsequenzen hat dieses Verhalten für Sie und welche für Ihre Gesprächspartner? |
| | • Wodurch werden "Märtyrer" Ihrer Meinung nach in Ihrem Verhalten bestärkt? |
| Verwandte Übungen: | "Wartespiel" - "Maske" - "Prahlen" - "Anstrengung" |

# Wartespiel

Mittel

---

| | |
|---|---|
| Zielsetzung: | Eigene "Antreiber" und "Stopper" kennenlernen |
| Übungstyp: | Einzelarbeit |
| Dauer: | Zirka 20 Minuten |
| Hilfsmittel: | Schreibmaterial |
| Ablauf: | Der Trainer gibt seinen Seminarteilnehmern folgende Übungsanleitung: |

"Denken Sie bitte an etwas, das Sie gerne haben möchten, aber im Augenblick nicht bekommen und auf das Sie warten, daß Sie es bekommen. Notieren Sie alles, was Ihnen dazu einfällt auf einem Blatt Papier. Überlegen Sie sich, ob Sie etwas tun können, um den Prozeß des "darauf Wartens" abzukürzen.

Welche Personen aus Ihrer nächsten Umgebung kennen Sie, die ebenfalls "gerne" warten?"

Handling: Fragen für die anschließende Diskussion im Plenum:
- Mit welchen "Antreibern" oder "Stoppern" könnte Ihr Verhalten etwas zu tun haben?
- Welche Alternativen sehen Sie zu diesem Verhalten?

Verwandte Übungen: "Märtyrer" - "Anstrengung" - "Maske" - "Prahlen"

# Rollenspiel I                                                     Mittel

| | |
|---|---|
| Zielsetzung: | Kennenlernen der psychologischen Rollen<br>Einüben, wie man aus psychologischen Rollen herausgeht |
| Übungstyp: | Übung im Plenum |
| Dauer: | Zirka 20 Minuten |
| Hilfsmittel: | Keine |
| Ablauf: | In der Mitte der Teilnehmerrunde werden drei Stühle in Dreiecksform aufgestellt. Jeder Stuhl ist mit einer der psychologischen Rollen "Opfer", "Retter", und "Verfolger" beschriftet.<br><br>Drei Freiwillige besetzen dann die Stühle ihrer Wahl und beginnen ein Gespräch. Jeder von ihnen geht in die Rolle, die auf seinem Stuhl steht, wobei das Gespräch fortgesetzt wird.<br><br>Auf ein Zeichen des Trainers geht jeder aus seiner Rolle heraus und zwar nach Möglichkeit in das Erwachsenen-Ich oder das natürliche Kindheits-Ich.<br><br>Das Gespräch wird noch eine Weile weitergeführt. |
| Handling: | Mögliche Fragen an die Teilnehmer:<br>• Warum haben Sie sich für eine bestimmte Rolle entschieden?<br>• Aus welchem Ich-Zustand heraus haben Sie diese Entscheidung getroffen?<br>• Wie leicht oder wie schwer ist es Ihnen gefallen, aus Ihrer Rolle herauszutreten?<br>• Wie hat sich das Gespräch verändert, nachdem die einzelnen Teilnehmer aus ihren Rollen herausgegangen sind? |
| Verwandte Übungen: | "Spiel mit psychologischen Rollen" - "Rollenspiel mit Szenenvorgabe" - "Gefühle und Rollen"<br>"Spielsituation: Opfer-Retter-Verfolger" |

# Persönliche Skriptanalyse     Mittel

| | |
|---|---|
| Zielsetzung: | Kennenlernen des eigenen Drehbuches und typischer Eltern-Botschaften |
| Übungstyp: | Einzelarbeit |
| Dauer: | Zirka 60 Minuten |
| Hilfsmittel: | Fragebogen (siehe nächste Seite), Schreibmaterial |
| Ablauf: | Die Teilnehmer füllen den Fragebogen aus. Anschließend Diskussion im Plenum |
| Handling: | Mögliche Fragen an die Teilnehmer:<br>• Welche angenehmen oder unangenehmen Gefühle hatten Sie bei der Beantwortung der Fragen?<br>• Was haben Sie über sich gelernt?<br>• Wo sind Sie mit Ihrem Drehbuch zufrieden und wo würden Sie gerne etwas geändert haben wollen?<br>• Was werden Sie tun, um diese Änderungen zu verwirklichen? |
| Verwandte Übungen: | "Persönliches Rollenbuch und Feedback-Verhalten"<br>"Regisseur" - "Lebensbühne" - "Karriere-Skript" |

# Persönliche Skriptanalyse

Beantworten Sie bitte die nachstehenden Fragen:

Was ist Ihre Lieblingssendung im Fernsehen? Radio? _____

Was ist Ihr Lieblingsbuch? _____

Was war Ihre Lieblingsgeschichte oder Ihr Lieblingsmärchen, als Sie noch ein Kind waren? _____

Welche darin vorkommenden Personen mochten Sie? Welche nicht? _____

Ähneln Sie irgendeiner Person? _____

Was war das Schlimmste, was Ihre Eltern jemals zu Ihnen oder über Sie gesagt haben? _____

Was war das Netteste, was sie zu Ihnen gesagt haben? _____

An welche typische Bemerkung Ihrer Mutter (Vater) über das Leben können Sie sich erinnern? _____

Was sollte nach dem Willen Ihrer Eltern aus Ihnen werden? _____

# Persönliche Skriptanalyse         Seite 2

Wann haben Ihre Eltern Ihnen am meisten Aufmerksamkeit geschenkt - als Sie krank, wohlauf oder in Sorge waren? Oder wann sonst? _____
_____

Wo sind Sie als Kind am liebsten mit Ihren Eltern hingegangen? _____
_____

Wie konnten Sie Ihre Eltern aufregen, wie besänftigen? _____
_____

Zeichnen Sie gedanklich oder real ein Bild aus Ihrer Kindheit, wo Sie mit Ihren Eltern zusammen gerade etwas unternehmen. _____
_____

Wie lange werden Sie leben? _____
_____

Was wird auf Ihrem Grabstein stehen? _____
_____

Was möchten Sie in den nächsten fünf oder zehn Jahren erreichen? _____
_____

# Miniskript

Mittel

| | |
|---|---|
| Zielsetzung: | In Kontakt kommen mit eigenen "Antreibern" und "Stoppern" |
| Übungstyp: | Einzelarbeit, dann Kleingruppenarbeit |
| Dauer: | Zirka 30 Minuten |
| Hilfsmittel: | Vorgedruckte Seminarunterlagen (siehe nächste Seite), Schreibmaterial |
| Ablauf: | Der Trainer gibt folgende Übungsanleitung: "Notieren Sie auf Ihrer Unterlage bitte 20 Dinge, die Ihnen in Ihrem Beruf und in Ihrer Freizeit Spaß machen, die Sie gerne tun, bei denen Sie sich richtig wohl fühlen. Ob Sie diese Dinge schon tun, oder "nur" gerne tun würden, spielt jetzt noch keine Rolle, ebenso die Reihenfolge, in der Sie das aufschreiben (zehn Minuten). Sehen Sie sich jetzt ihre Liste an. Was verwirklichen Sie davon (+), was nicht (-) ?" Die Teilnehmer bilden anschließend Kleingruppen (drei bis vier Personen) und versuchen gemeinsam herauszufinden, woran es liegen könnte, daß Sie etwas abhält, das zu tun, was sie gerne tun würden (20 Minuten). |
| Handling: | Der Trainer sammelt auf einem Flip-Chart-Blatt mögliche Gründe. Nicht zugelassen werden Entschuldigungen wie "keine Zeit, kein Geld ...". Hier einige Beispiele für häufig genannte Gründe: Bequemlichkeit, Angst vor Blamage, Anpassung an andere, fehlende Planung. Mögliche Diskussionsfragen: <br>• Mit welchen "Antreibern" und "Stoppern" könnte Ihr Verhalten etwas zu tun haben? <br>• Welche Alternativen haben Sie zu Ihrem bisherigen Verhalten? |
| Verwandte Übungen: | Keine |

# Miniskript

Seite 1

Schreiben Sie bitte 20 Dinge auf, die Ihnen in Ihrem Beruf oder in Ihrer Freizeit Spaß machen, die Sie gerne tun, bei denen Sie sich richtig wohl fühlen.

Ob Sie diese Dinge schon tun oder "nur" gerne tun würden, spielt jetzt noch keine Rolle, ebenso wie die Reihenfolge, in der Sie das aufschreiben.

Tätigkeiten, die Ihnen Spaß machen

| | "+" | "-" |
|---|---|---|
| 1. | | |
| 2. | | |
| 3. | | |
| 4. | | |
| 5. | | |
| 6. | | |
| 7. | | |
| 8. | | |
| 9. | | |
| 10. | | |
| 11. | | |
| 12. | | |
| 13. | | |
| 14. | | |
| 15. | | |
| 16. | | |
| 17. | | |
| 18. | | |
| 19. | | |
| 20. | | |

Kennzeichnen Sie jetzt, was Sie davon verwirklichen ("+"Spalte) und was nicht ("-"Spalte).

# Miniskript

Seite 2

Schreiben Sie bitte insbesondere noch einmal die Dinge zusammen, die Ihnen zwar Spaß machen, die Sie aber nicht realisiert haben und suchen Sie Gründe dafür.

| Spalte 1 ("+") | Spalte 2 (Gründe) | Spalte 3 ("-") | Spalte 4 (Gründe) |
|---|---|---|---|
| | | | |

# Anstrengung

Schwierig

| | |
|---|---|
| Zielsetzung: | Eigene "Antreiber" erkennen |
| Übungstyp: | Einzel- oder Kleingruppenarbeit |
| Dauer: | Zirka 30 Minuten |
| Hilfsmittel: | Schreibmaterial |
| Ablauf: | Die Seminarteilnehmer machen sich auf einem Blatt Papier Gedanken zu den folgenden beiden Fragen: |

- Wo und in welchen Situationen haben Sie das Gefühl, daß Ihre Anstrengungen zum Ziel führen, von Erfolg gekrönt werden?
- Wo und in welchen Situationen haben Sie das Gefühl, daß Ihre Anstrengungen ins Nichts führen?

Anschließend können die gefundenen Antworten in Kleingruppen diskutiert werden.

Handling: Fragen zur Diskussion:

- Welche "Antreiber" können Sie bei sich selbst erkennen?
- Welche Alternativen haben Sie?

Verwandte Übungen: "Prahlen" - "Maske" - "Märtyrer" - "Wartespiel"

# Spiel mit psychologischen Rollen

Schwierig

| | |
|---|---|
| Zielsetzung: | Kennenlernen der psychologischen Rollen<br>In Kontakt kommen mit dem eigenen Rollenverhalten und entsprechenden Reaktionsweisen |
| Übungstyp: | Übung im Plenum |
| Dauer: | Zirka 40 Minuten |
| Hilfsmittel: | Keine |
| Ablauf: | Der Trainer sucht aus der Runde eine Person, die die Gestaltung eines Rollenspiels übernehmen möchte.<br><br>Der betreffende Teilnehmer überlegt sich ein berufliches Problem seiner Wahl und bestimmt seinerseits die dafür vorgesehenen "Schauspieler" aus der Runde. Wichtig ist dabei, daß sowohl ein "Verfolger", ein "Opfer" als auch ein "Retter" in dem Rollenspiel mitwirken sollen.<br><br>Wenn der "Regisseur" die Mitspieler bestimmt hat, gibt er ihnen Anweisungen, wie sie ihre Rollen gestalten sollen und worum es in dem Rollenspiel geht.<br><br>Die Mitspieler beginnen dann mit der Durchführung des Rollenspiels und versuchen schließlich, falls möglich, zu einer Lösung zu kommen. |
| Handling: | Mögliche Fragen bei einer anschließenden Diskussion:<br>● Wie ist es dem "Regisseur" bei der Gestaltung des Rollenspiels ergangen? Welche angenehm oder unangenehmen Gefühle hatte er dabei? Welche Gründe waren für die Wahl der Mitspieler maßgebend?<br>● Wie ist es den Mitspielern ergangen? Konnten Sie sich mit ihrer jeweiligen Rolle identifizieren?<br>● War letztlich eine Lösung des Problems möglich? Wenn ja, worauf war dies zurückzuführen? |
| Verwandte Übungen: | "Rollenspiel mit Szenenvorgabe" - "Rollenspiel I"<br>"Gefühle und Rollen" - "Spielsituation: Opfer-Retter-Verfolger" |

# Regisseur

Schwierig

| | |
|---|---|
| Zielsetzung: | Kennenlernen von Eltern-Botschaften und Drehbuchelementen<br>Sich eigene Vorstellungen zu einem idealen Drehbuch bewußt machen |
| Übungstyp: | Einzelarbeit |
| Dauer: | Zirka 20 Minuten |
| Hilfsmittel: | Vorgedruckte Seminarunterlagen (siehe nächste Seite), Schreibmaterial |
| Ablauf: | Übungsanleitung siehe nächste Seite |
| Handling: | Mögliche Fragen an die Teilnehmer:<br>• Ist Ihnen die Übung eher leicht oder eher schwer gefallen?<br>• Inwieweit bestehen Parallelen zwischen Ihrer Inszenierung des Schauspiels und der Inszenierung Ihres Lebens?<br>• Inwieweit stehen Eltern-Botschaften, "Antreiber", oder psychologische Rollen hinter den Dingen, auf die es Ihnen bei der Schauspielinszenierung ankommt?<br>• Wie leben Sie damit? In welchen Situationen wird Ihr Drehbuch besonders deutlich?<br>• Was können Sie ändern? |
| Verwandte Übungen: | "Lebensbühne" - "Persönliches Rollenbuch und Feedback-Verhalten" - "Persönliche Skriptanalyse" "Karriere-Skript" |

# Regisseur

Stellen Sie sich vor, Sie wären Regisseur. Auf welche zehn Dinge käme es Ihnen bei der Inszenierung eines erfolgreichen Schauspiels an?

1. _____

2. _____

3. _____

4. _____

5. _____

6. _____

7. _____

8. _____

9. _____

10. _____

# Lebensbühne

Schwierig

| | |
|---|---|
| Zielsetzung: | In Kontakt kommen mit dem eigenen Drehbuch<br>Sich Gedanken über Zeit und Energien machen, die man im Drehbuch investiert |
| Übungstyp: | Einzelarbeit |
| Dauer: | Zirka 40 Minuten |
| Hilfsmittel: | Vorgedruckte Seminarunterlagen (siehe nächste Seite), Schreibmaterial |
| Ablauf: | Übungsanleitung siehe nächste Seite |
| Handling: | Mögliche Fragen an die Teilnehmer:<br>● Sind Sie zufrieden mit dem, was Sie in den verschiedenen Kulissen investieren?<br>● Wer ist auf der jeweiligen Lebensbühne der Regisseur Ihres Stückes?<br>● Investieren Sie auf jeder Bühne ebensoviel Energie wie Zeit?<br>● Liegen Ihre wahren Interessen dort, wo Sie Ihre Zeit und Energie investieren?<br>● Fällt Ihnen für Ihre persönliche Situation etwas besseres ein? |
| Verwandte Übungen: | "Regisseur" - "Persönliches Rollenbuch und Feedback-Verhalten" - "Persönliche Skriptanalyse" - "Karriere-Skript" |

# Lebensbühne

Stellen Sie sich Ihr Leben als eine Drehbühne vor und jede Ihrer Kulissen als einen Abschnitt davon. Zeichnen Sie ein Schema Ihrer verschiedenen Kulissen im privaten und auch im beruflichen Bereich, entsprechend dem Zeitanteil und dem Energieanteil, den Sie auf jede verwenden. Wie sieht Ihre persönliche Drehbühne aus? Zeichnen Sie die verschiedenen Kulissen in Form von Segmenten in die dafür vorgesehenen Kreise ein. Mögliche Kulissen könnten sein:

- Familie, Freunde, Sport, Hobbies, Ausruhen etc.
- Gespräche mit Mitarbeitern, etwas entwickeln, Telefonate etc.

Privater Bereich:

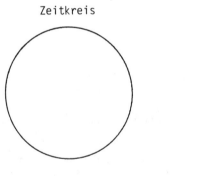

Beruflicher Bereich:

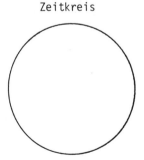

# Rollenbuch der Organisation

Schwierig

---

**Zielsetzung:** In Kontakt kommen mit dem Rollenbuch des Unternehmens, für das man arbeitet

**Übungstyp:** Einzel- und Gruppenarbeit

**Dauer:** Mindestens 240 Minuten bis zu mehreren Tagen

**Hilfsmittel:** Fragebogen (siehe nächste Seite), Schreibmaterial

**Ablauf:** Wechselweise Einzelarbeit, Gruppenarbeit, Plenumsdiskussion

**Handling:** Der Einsatz der ModerationsMethode empfiehlt sich.

Mögliche Fragen für die Diskussion:
- Was haben Sie über sich und das Unternehmen, in dem Sie arbeiten, durch die Beantwortung dieser Fragen gelernt?
- Wo würden Sie die Hebel für Veränderungen ansetzen?

**Verwandte Übungen:** "Karriere-Skript"

# Rollenbuch der Organisation

1. Stellen Sie sich Ihre Organisation, Ihr Unternehmen, als eine Person, als einen einzelnen Menschen vor. Welcher Typ von Mensch wäre das? (Ist Ihre Organisation zu groß, nehmen Sie Ihren Bereich, Ihre Abteilung, Ihre Gruppe.)

2. Aus welchem Ich-Zustand heraus würde diese Person vornehmlich agieren und reagieren? Wie stark sind die anderen Ich-Zustände ausgeprägt? Paßt eine der folgenden Kombinationen? Wenn nicht, zeichnen Sie die Alternative.

   Muster:

   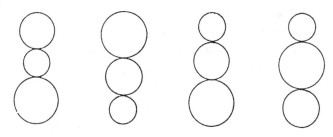

3. Wie sehen Sie sich selbst in dieser Organisation? Wie stark sind bei Ihnen die einzelnen Ich-Zustände ausgeprägt? Zeichnen Sie bitte Ihren Schneemann, und zwar einmal für Ihre Rolle als nachgeordneter Mitarbeiter und auch für Ihre Rolle als Führungskraft.

4. Wenn Sie jetzt die drei "Schneemänner" miteinander vergleichen, welche vorläufigen Schlüsse können Sie dabei ziehen? Wie beeinflußt Sie Ihre Organisation oder wie beeinflussen Sie Ihre Organisation?

# Rollenbuch der Organisation

5. Wofür wird man in Ihrer Organisation im weitesten Sinne "bestraft", wofür belohnt?

6. Was erleben Sie als kritische, autoritäre und bestrafende Maßnahmen, was als unterstützende, helfende und fördernde Maßnahmen?

7. Welche "geheiligten Traditionen" gibt es in Ihrer Organisation? (Was ist tabu?)

    Welche davon sind vernünftig?
    Welche davon sind nicht mehr vernünftig?
    Welche sollten geändert werden?
    Welche dürfen nach heutigem Stand nicht geändert werden?
    Worüber kann man in Ihrer Organisation sprechen und worüber nicht?
    Welche sind schon geändert worden?

8. Wenn Sie Ihre Organisation mit einem Motto, einem Slogan, einer Schlagzeile beschreiben sollten, was würde Ihnen dann einfallen? Würde dieses Motto zu dem Ihrigen passen?

9. Wie beeinflußt das Ihr Verhalten?

10. Inwieweit treten Widersprüche auf zwischen dem,

    - was das Unternehmen fordert und dem, was Sie bereit sind, einzubringen?
    - was das Unternehmen glaubt, das richtig ist und dem, was tatsächlich richtig wäre.

# Rollenbuch der Organisation

11. Was war die letzte wesentliche Entscheidung, die in Ihrer Organisation getroffen wurde?

    Wurde diese Entscheidung aufgrund aller verfügbaren aktuellen Daten getroffen? Oder wurde dabei nach traditionellen Denkschemata verfahren?

12. Schreiben Sie bitte mehrere Charakteristika einer erfolgreichen Organisation ("Gewinner-Organisation") auf.

13. Schreiben Sie bitte mehrere Charakteristika einer nicht erfolgreichen Organisation ("Verlierer-Organisation") auf.

14. Schreiben Sie bitte mehrere Charakteristika Ihrer Organisation auf. Ist Ihre Organisation mehr eine Gewinner- oder eine Verlierer-Organisation?

15. Wenn Ihre Organisation sich weiterentwickelt wie bisher, wo wird sie dann in fünf oder zehn Jahren stehen?

16. Wo werden Sie in fünf oder zehn Jahren stehen?

17. Welche Alternativen ergeben sich jetzt für Sie und Ihre Organisation?

# Übungen zum Inneren Dialog

| Übung | Seite |
|---|---|
| 1. Problemsituation und innerer Dialog | 127 |
| 2. Berufliches Problem | 132 |
| 3. Fehler und innerer Dialog | 134 |
| 4. Heißer Stuhl | 136 |
| 5. In sich hineinhören | 137 |

Die Übungen zum Themenbereich "Innerer Dialog" sind nach folgenden Schwierigkeitsabstufungen geordnet:

- Leichte Übung

- Mittlerer Schwierigkeitsgrad

- Schwierige Übung

Diese Grobeinteilung entspricht Erfahrungswerten aus unserer beruflichen Praxis und erhebt keinen Anspruch auf absolute Genauigkeit.

Der entsprechende Vermerk findet sich auf jedem Übungsblatt rechts oben.

# Problemsituationen
# und innerer Dialog

Leicht

| | |
|---|---|
| Zielsetzung: | Analysieren des eigenen inneren Dialogs anhand vorstrukturierter Situationen |
| Übungstyp: | Einzelarbeit |
| Dauer: | Zirka 40 Minuten |
| Hilfsmittel: | Vorgedruckte Seminarunterlagen (siehe nächste Seite), Schreibmaterial |
| Ablauf: | Übungsanleitung siehe nächste Seite |
| Handling: | Nach Ausfüllen des Übungsblattes können sich die Teilnehmer einen Partner suchen und mit diesem gemeinsam die gefundenen Antworten diskutieren. Mögliche Fragen an die Teilnehmer: <ul><li>Ist Ihnen diese Übung eher leicht oder eher schwer gefallen?</li><li>Konnten Sie ein bestimmtes Schema feststellen, nach dem Ihr innerer Dialog abläuft? Welches?</li><li>Welche Alternativen sehen Sie zu den inneren Dialogen?</li><li>Was ist am inneren Dialog beeinflußbar und was nicht?</li></ul> |
| Verwandte Übungen: | "Berufliches Problem" |

# Problemsituationen
# und innerer Dialog

Seite 1

Sie finden im folgenden einige unterschiedliche Situationen aus dem beruflichen Alltag. Versetzen Sie sich bitte so gut wie möglich in diese Situation hinein und werden Sie sich dabei Ihrer Gefühle und Gedanken bewußt. Überlegen Sie sich, welche Ich-Zustände bei Ihnen angesprochen werden und wie zwischen den Botschaften dieser einzelnen Ich-Zustände ein innerer Dialog abläuft.

1. Problemsituation

Sie haben viel Zeit und Energie in die Realisierung einer Idee gesteckt, von der Sie meinen, daß sie für das Unternehmen, in dem Sie arbeiten, sehr nützlich ist. Jetzt, kurz bevor Sie damit fertig sind, teilt man Ihnen von höherer Stelle mit, daß man einem anderen, billigeren Verfahren den Vorzug gibt.

Was sagt dazu Ihr:

- kritisches Eltern-Ich?_____
- unterstützendes Eltern-Ich?_____
- Erwachsenen-Ich?_____
- natürliches Kindheits-Ich?_____
- angepaßtes Kindheits-Ich?_____


2. Problem-Situation

Sie sind Chef eines kleineren Betriebes. Ein langjähriger und erfolgreicher Mitarbeiter mit sehr guter Position und

# Problemsituationen
# und innerer Dialog

Seite 2

entsprechendem Verdienst, kündigt aus Ihnen völlig unbegreiflichen Gründen.

Was sagt dazu Ihr:

- kritisches Eltern-Ich?_____
- unterstützendes Eltern-Ich?_____
- Erwachsenen-Ich?_____
- natürliches Kindheits-Ich?_____
- angepaßtes Kindheits-Ich?_____

3. Problemsituation

Sie werden für eine Beförderung vorgeschlagen und sollen eine nicht unerhebliche Gehaltsaufbesserung bekommen. Man erwartet dafür von Ihnen jedoch, daß Sie vom großstädtischen Unternehmen in einen kleineren Zweigbetrieb überwechseln. Sie sind 34 Jahre alt, haben eine Familie mit zwei Kindern und ein Haus in der Stadt. Der Ort Ihrer möglichen neuen Tätigkeit liegt 500 Kilometer von Ihrem jetzigen Wohnsitz entfernt.

Was sagt dazu Ihr:

- kritisches Eltern-Ich?_____
- unterstützendes Eltern-Ich?_____
- Erwachsenen-Ich?_____
- natürliches Kindheits-Ich?_____
- angepaßtes Kindheits-Ich?_____

4. Problemsituation

Sie können einem Mitarbeiter eine berechtigte Gehaltserhöhung nicht geben, weil Ihr Firmenbudget dies momentan unter keinen Umständen zuläßt.

# Problemsituationen
# und innerer Dialog

Seite 3

Was sagt dazu Ihr:

- kritisches Eltern-Ich? _____
- unterstützendes Eltern-Ich? _____
- Erwachsenen-Ich? _____
- natürliches Kindheits-Ich? _____
- angepaßtes Kindheits-Ich? _____

5. Problemsituation

Sie sind ein langjähriger und erfolgreicher Mitarbeiter in einem Dienstleistungsunternehmen. Ihre ganze Liebe gehört einem speziellen Aufgabenbereich, den man Ihnen nun wegnehmen möchte, mit der Begründung, daß nur Sie allein auf diesem Gebiet Erfolg haben und dies in den Augen der Geschäftsführung absolut gesehen zu wenig ist. Man bietet Ihnen ersatzweise einen neuen Aufgabenbereich an, in den Sie sich aber erst einarbeiten müßten. Sie sind 52 Jahre alt.

Was sagt dazu Ihr:

- kritisches Eltern-Ich? _____
- unterstützendes Eltern-Ich? _____
- Erwachsenen-Ich? _____
- natürliches Kindheits-Ich? _____
- angepaßtes Kindheits-Ich? _____

# Problemsituationen
# und innerer Dialog

Seite 4

Vielleicht kennen Sie ähnliche Situationen aus eigener Erfahrung, beschreiben Sie dem obigen Vorbild entsprechend einige dieser Situationen.

Problemsituation:

Innerer Dialog:

Problemsituation:

Innerer Dialog:

# Berufliches Problem  Mittel

| | |
|---|---|
| Zielsetzung: | Anhand eines konkreten Problems Inputs aus den verschiedenen Ich-Zuständen erkennen |
| Übungstyp: | Einzelarbeit |
| Dauer: | Zirka 30 Minuten |
| Hilfsmittel: | Vorgedrucktes Seminarmaterial (siehe nächste Seite), Schreibmaterial |
| Ablauf: | Der Trainer gibt den Seminarteilnehmern folgende Übungsanleitung: |
| | "Denken Sie an ein aktuelles Problem aus Ihrem beruflichen Umfeld, von dem Sie in besonderer Weise betroffen sind. Was waren oder sind Ihre Inputs aus den verschiedenen Ich-Zuständen? Hören Sie in sich hinein. |
| | Welche Lösung könnte sich anbieten?" |
| | Die Teilnehmer notieren Ihre jeweiligen Inputs auf dem dafür vorgesehenen Blatt. |
| | Anschließend eventuell Diskussion mit einem Partner oder in kleinen Gruppen. |
| Handling: | Einige Beispiele für Problemsituationen: |
| | • Ihnen wird ein toller Posten im Ausland angeboten |
| | • Sie kommen mit einem bestimmten Kollegen einfach nicht zurecht |
| | • Eine gerechtfertigte Gehaltserhöhung kann Ihnen aufgrund eines Budget-Engpasses nicht gewährt werden |
| | Einige Fragen zur Diskussion: |
| | • Welche antagonistischen Ich-Zustands-Inputs konnten Sie bei sich erkennen? |
| | • Ist Ihnen das In-sich-Hineinhören eher leicht oder eher schwer gefallen? Warum? |
| | • Wie sieht eine Lösung aus dem Erwachsenen-Ich aus? |
| Verwandte Übungen: | "Problemsituationen und innerer Dialog" |

# Berufliches Problem

Denken Sie an ein bestimmtes Problem aus Ihrem beruflichen Umfeld. Was waren Ihre Inputs aus den verschiedenen Ich-Zuständen?

Input aus dem kritischen Eltern-Ich:

_____

_____

Input aus dem unterstützenden Eltern-Ich:

_____

_____

Input aus dem Erwachsenen-Ich:

_____

_____

Input aus dem natürlichen Kindheits-Ich:

_____

_____

Input aus dem angepaßten Kindheits-Ich:

_____

_____

# Fehler und innerer Dialog                    Mittel

---

**Zielsetzung:** Erkennen von inneren Dialogen

**Übungstyp:** Einzelarbeit

**Dauer:** Zirka 30 Minuten

**Hilfsmittel:** Blatt mit Ich-Zustands-Diagramm (siehe nächste Seite), Stifte

**Ablauf:** Der Trainer gibt den Seminarteilnehmern folgende Übungsanleitung:

"Denken Sie an einen Fehler, den Sie kürzlich bei Ihrer Arbeit gemacht haben. Was war Ihr innerer Dialog, als Sie ihn entdeckten? Welche Äußerungen aus den verschiedenen Ich-Zuständen konnten Sie in sich wahrnehmen? Haben Sie sich vielleicht selbst fertig gemacht? Wenn ja, wie?

Notieren Sie die gefundenen Äußerungen auf dem ausgeteilten Blatt und markieren Sie auf dem Diagramm die Zielrichtung dieser Äußerungen. (Zum Beispiel: vom kritischen Eltern-Ich zum angepaßten Kind)".

**Handling:** Der Trainer kann vor dieser Übung eine Situation beispielhaft am Flip-Chart demonstrieren.

Mögliche Fragen für eine anschließende Diskussion:

- Was haben Sie über sich gelernt?
- Wie könnten Sie sich in einer ähnlichen Situation produktiver verhalten?

**Verwandte Übungen:** Keine

# Fehler und innerer Dialog

Denken Sie an einen Fehler, den Sie kürzlich bei Ihrer Arbeit gemacht haben. Was war Ihr innerer Dialog, als Sie ihn entdeckten? Zeichnen Sie die Zielrichtung der einzelnen Ich-Zustands-Äußerungen in Form von Pfeilen in das untenstehende Ich-Zustands-Diagramm ein.

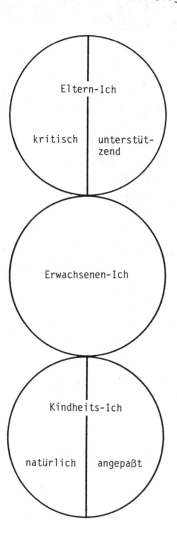

# Heißer Stuhl

Schwierig

| | |
|---|---|
| Zielsetzung: | Spontanes Ausagieren eines inneren Dialogs. Erkennen und erleben, wie ein innerer Dialog abläuft |
| Übungstyp: | Übung im Plenum |
| Dauer: | Variabel, je nachdem, wieviele Teilnehmer diese Übung wiederholen möchten. |
| Hilfsmittel: | Keine |
| Ablauf: | Der übende Teilnehmer sitzt auf einem Stuhl in der Mitte des Plenums, dem sogenannten "heißen Stuhl". Ihm gegenüber steht ein leerer Stuhl. |
| | Aufgabe des Agierenden ist es nun, sowohl sein freundliches, als auch sein voreingenommenes "Selbst" darzustellen. Er spielt sein "freundliches Selbst" auf dem "heißen Stuhl" und stellt sich sein "voreingenommenes Selbst" auf dem anderen Stuhl vor. |
| | Der Teilnehmer wechselt die Stühle, wenn er die Rollen wechselt. |
| | Auf diese Art und Weise kann ein Dialog geführt werden, zu einem Thema nach freier Wahl, zwischen dem angepaßten Kindheits-Ich und dem kritischen Eltern-Ich und dem natürlichen Kindheits-Ich. |
| Handling: | Der so entstehende Dialog wird vom Plenum aufmerksam verfolgt. |
| | Mögliche Fragen an die Teilnehmer: |
| | • Was ist während dieser Übung in Ihnen vorgegangen? |
| | • Ist Ihnen die Übung leicht oder schwer gefallen? |
| | • Sind die widerstreitenden Kräfte zu einem Kompromiß gekommen? (Erwachsenen-Ich-Lösung) |
| Verwandte Übungen: | "In sich hineinhören" |

# In sich hineinhören  Schwierig

| | |
|---|---|
| Zielsetzung: | Erkennen und erleben, wie ein innerer Dialog abläuft. In Kontakt kommen mit Inputs aus den verschiedenen Ich-Zuständen |
| Übungstyp: | Phantasiereise |
| Dauer: | Zirka 20 Minuten |
| Hilfsmittel: | Keine |
| Ablauf: | Der Trainer gibt den Seminarteilnehmern folgende Übungsanleitung: "Setzen Sie sich bequem auf Ihren Stuhl und schließen Sie Ihre Augen ... Denken Sie an einen inneren Dialog, der Ihnen in letzter Zeit besonders häufig durch den Kopf ging, zu einem Konflikt oder einem Problem ... Hören Sie in sich hinein und konzentrieren Sie sich auf Ihr inneres Echo ... Was teilen Ihnen Ihre einzelnen Ich-Zustände mit ..? In welchen Situationen hören Sie ein inneres Nein ..? Welche elterlichen Mahnungen hören Sie in dieser Situation ..? Was würden Ihre Eltern sagen, wenn sie jetzt neben Ihnen sitzen würden ..? Wie reagiert Ihr Kindheits-Ich auf diese Situation ..? Ist Ihr Erwachsenen-Ich ebenfalls am Dialog beteiligt ..? Was sagt es Ihnen ..? Wie sähe eine gedankliche Lösung des Problems aus ..?" |
| Handling: | Mögliche Fragen an die Teilnehmer: <br>• Was ging während dieser Übung in Ihrem Kopf vor? Welches Gefühl hatten Sie dabei? <br>• Wann nimmt Ihrer Meinung nach ein innerer Dialog einen unproduktiven Ausgang? <br>• Wann führt Ihrer Meinung nach ein innerer Dialog zu vernünftigen Konsequenzen? <br>• Was haben Sie über sich selbst gelernt? |
| Verwandte Übungen: | "Heißer Stuhl" |

# Übungen zu Transaktionen

| Übung | Seite |
|---|---|
| 1. Rollenspiel II | 141 |
| 2. Transaktionen analysieren mit Beobachter | 142 |
| 3. Transfer in den beruflichen Alltag | 143 |
| 4. Einüben von Transaktionen im Rollenspiel | 144 |
| 5. Transaktionen am Arbeitsplatz | 145 |
| 6. Häufige Transaktionstypen mit Mitarbeitern | 146 |
| 7. Produktive und unproduktive Transaktionen mit Kollegen | 148 |
| 8. Transaktionen nach beteiligten Ich-Zuständen analysieren | 150 |
| 9. Verdeckte Transaktionen | 156 |
| 10. Alter-Ego-Spiel | 158 |
| 11. Festgenagelt | 159 |
| 12. Wirkung von Korrespondenz | 160 |
| 13. Transaktionen in Problemsituationen | 161 |

Die Übungen zum Themenbereich "Transaktionen" sind nach folgenden Kriterien geordnet:

- allgemeine Übungen zum Themenbereich
- allgemeine Übungen mit Schwerpunkt Beruf und Organisation (B+O)
- spezielle Übungen zum Themenbereich
- spezielle Übungen mit Schwerpunkt Beruf und Organisation (B+O)

Der entsprechende Vermerk findet sich auf jedem Übungsblatt rechts oben.

# Rollenspiel II

Allgemein

Zielsetzung: Einüben der Analyse von Transaktionen

Übungstyp: Plenumsübung mit zwei Agierenden

Dauer: Variabel, je nach Anzahl der Rollenspiele

Hilfsmittel: Flip-Chart

Ablauf: Zwei Teilnehmer spielen zu einem vorgegebenen Thema (etwa: "Mitarbeiter kommt zum wiederholten Male zu spät zur Arbeit") ein Rollenspiel (zirka zehn Minuten).

Die übrigen Teilnehmer analysieren das Rollenspiel nach den stattgefundenen Transaktionen in Form von Transaktionsdiagrammen.

Der Trainer analysiert ebenfalls die Transaktionen am verdeckten Flip-Chart mit.

Anschließend vergleichen die Teilnehmer ihre Aufzeichnungen mit denen des Trainers und diskutieren gemeinsam darüber.

Handling: Beispiel für ein Transaktionsdiagramm:

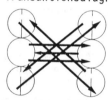

Die Übung kann mit anderen Teilnehmern und neuer Themenstellung wiederholt werden.

Verwandte Übungen: "Transaktionen analysieren mit Beobachter"
"Einüben von Transaktionen im Rollenspiel"
"Alter-Ego-Spiel"

# Transaktionen analysieren mit Beobachter

Allgemein

**Zielsetzung:** Kennenlernen und analysieren eigener Transaktionen

**Übungstyp:** Kleingruppenarbeit

**Dauer:** Mindestens 60 Minuten

**Hilfsmittel:** Schreibmaterial, eventuell Kassettenrecorder

**Ablauf:** Die Teilnehmer bilden Kleingruppen, bestehend aus drei Personen und überlegen sich ein gemeinsames betriebliches Problem oder ein Thema, das sie gerade bewegt.

Einer der Teilnehmer übernimmt die Rolle des Beobachters, während die beiden anderen mit dem Gespräch beginnen. Jeder der beiden Sprecher versucht dabei, aus seinen verschiedenen Ich-Zuständen heraus zu argumentieren. Das Gespräch wird auf Kassettenrecorder aufgezeichnet.

Aufgabe des Beobachters ist es, das Gespräch seiner beiden Kollegen nach Transaktionen zu analysieren. Er benützt dazu ein Transaktionsdiagramm für beide Personen, in das er die erkannten Transaktionen in Form von Pfeilen einträgt (siehe Übung "Rollenspiel").

Alle Kleingruppenmitglieder analysieren dann das auf Band aufgenommene Gespräch nach Transaktionen und vergleichen ihre Ergebnisse mit denen des Beobachters.

Anschließend eventuell Rollentausch mit neuen Problemsituationen und Diskussion in der Kleingruppe.

**Handling:** Mögliche Diskussionsfragen:
- Konnte das jeweilige Problem gelöst werden?
- Welche Transaktionen waren hierfür besonders hilfreich?
- Wo gab es Meinungsverschiedenheiten bei der Analyse der Transaktionen?
- Was haben Sie über sich lernen können?

**Verwandte Übungen:** "Rollenspiel II" - " Einüben von Transaktionen im Rollenspiel" - "Alter-Ego-Spiel"

# Transfer in den beruflichen Alltag

Allgemein
B+0

| | |
|---|---|
| Zielsetzung: | Transfer des Wissens über Ich-Zustände und Transaktionen in den beruflichen Alltag |
| Übungstyp: | Einzel-, dann Zweier-Gruppenarbeit |
| Dauer: | Zirka 30 Minuten |
| Hilfsmittel: | Keine |
| Ablauf: | Der Trainer gibt den Seminarteilnehmern folgende Übungsanleitung: |
| | "Machen Sie sich Gedanken, wo Sie Ihr Wissen über Ich-Zustände und Transaktionen an Ihrem Arbeitsplatz gewinnbringend umsetzen können. Wann bringt Ihnen der Einsatz dieser Techniken Erfolg? |
| | Die Teilnehmer wählen sich einen Partner aus der Runde und diskutieren mit diesem, nachdem sie sich zunächst selbst Gedanken über ihre Vorstellungen gemacht haben. |
| Handling: | Mögliche Diskussionsfragen: |

- Wo, in welchem Bereich, bei welchen Personen, könnten Sie bereits morgen Ihr Wissen über Ich-Zustände und Transaktionen konkret umsetzen?
- Welche Aspekte halten Sie für überdenkenswert?
- Was würden Sie keinesfalls anwenden wollen? Aus welchen Gründen?
- Was machen Sie, wenn Sie es am Arbeitsplatz mit Leuten zu tun haben, die über Ich-Zustände und Transaktionen Bescheid wissen?

| | |
|---|---|
| Verwandte Übungen: | "Transaktionen am Arbeitsplatz" - "Festgenagelt" "Wirkung von Rundschreiben" |

# Einüben von Transaktionen
# im Rollenspiel

Allgemein
B+0

| | |
|---|---|
| Zielsetzung: | Neue Kommunikationsmöglichkeiten kennenlernen und erproben |
| Übungstyp: | Zweier-Gruppen mit anschließendem Rollentausch |
| Dauer: | Zirka 30 Minuten |
| Hilfsmittel: | Keine |
| Ablauf: | Der Trainer gibt den Seminarteilnehmern folgende Übungsanleitung: |

"Denken Sie an einige Ihrer Mitarbeiter oder Kollegen. Wem von ihnen begegnen Sie auf einer Eltern-Kind-Basis? Wie sehen diese Transaktionen im einzelnen aus? Sehen Sie auch andere Kommunikationsmöglichkeiten mit diesen Leuten? Wenn ja, welche? Üben Sie diese mit einem Partner ein und tauschen Sie anschließend die Rollen."

Anschließende Diskussion mit dem jeweiligen Übungspartner oder im Plenum

Handling: Mögliche Fragen zur Diskussion:

- Wie haben Sie sich während und nach dieser Übung gefühlt?
- Was würden Sie bei bestimmten Gesprächen, die Sie führen, gern ändern wollen?
- Unterscheiden sich Ihre Normen und Wertvorstellungen von denen Ihres Gesprächspartners?
- Wenn ja, wie?

Verwandte Übungen: "Rollenspiel II" - "Transaktionen analysieren mit Beobachter" - "Alter-Ego-Spiel"

# Transaktionen am Arbeitsplatz

Allgemein
B+O

| | |
|---|---|
| Zielsetzungen: | Analysieren eigener unterschiedlicher Transaktionsformen in Gesprächen mit Kollegen und Mitarbeitern |
| Übungstyp: | Einzel-, dann Zweier-Gruppenarbeit |
| Dauer: | Zirka 30 Minuten |
| Hilfsmittel: | Keine |
| Ablauf: | Der Trainer gibt den Seminarteilnehmern folgende Übungsanleitung: |

"Denken Sie an einige Kollegen und Mitarbeiter, mit denen Sie regelmäßig zusammenarbeiten. Wie sehen Ihre häufigsten Transaktionen mit diesen Kollegen aus? Überlegen Sie sich, ob Sie sich dabei für die beste Alternative entschieden haben. Wenn nein, was wäre Ihrer Meinung nach die beste Alternative? Welche Transaktionen sind komplementär und trotzdem nicht zufriedenstellend? Welche Gründe sehen Sie hierfür? Besteht eine irgendwie geartete Abhängigkeit? Welche Transaktionen laufen über Kreuz? Sehen Sie sich für den Verlauf verantwortlich? Welche Gründe sehen Sie für den negativen Ausgang dieser Gespräche? Wann laufen Transaktionen mit diesen Personen verdeckt?"

Anschließend Diskussion mit einem Partner

Handling: Einige Fragen zur Diskussion:

- Welche Transaktionsform ist Ihnen am liebsten?
- Was können Sie tun, um Gespräche mit Kollegen und Mitarbeitern produktiver zu gestalten?

Verwandte Übungen: "Transfer in den beruflichen Alltag" - "Festgenagelt" "Wirkung von Rundschreiben"

# Häufige Transaktionstypen mit Mitarbeitern

Allgemein
B+0

| | |
|---|---|
| Zielsetzung: | Feststellen der Häufigkeiten des Auftretens bestimmter Transaktionstypen mit Mitarbeitern |
| Übungstyp: | Einzelarbeit |
| Dauer: | Zirka 30 Minuten |
| Hilfsmittel: | Vorgedruckte Seminarunterlagen (siehe nächste Seite), Schreibmaterial |
| Ablauf: | Die Teilnehmer füllen das Übungsblatt aus. Anschließend eventuell Diskussion in Kleingruppen |
| Handling: | Mögliche Diskussionsfragen: <br>• Haben Sie irgendwelche Transaktionsmuster erkannt, die für Sie typisch sind? <br>• Welche Konsequenzen hat dies für Ihre Beziehung zu diesen Mitarbeitern? <br>• Welchen Mitarbeitern begegnen Sie auf einer Eltern-Kind-Basis und welchen auf einer Erwachsenen-Erwachsenen-Basis? |
| Verwandte Übungen: | "Produktive/unproduktive Transaktionen mit Kollegen und Mitarbeitern" |

# Häufige Transaktionstypen
# mit Mitarbeitern

Denken Sie an drei Mitarbeiter, mit denen Sie häufiger Gespräche führen. Welche Transaktionen laufen in diesen Gesprächen ab? Welche der unten erwähnten Transaktionsformen finden sich hierbei eher häufiger, welche eher weniger häufig?

| Mitarbeiter: | häufiger | weniger häufig |
|---|---|---|
| Er-Ich/Er-Ich | | |
| K-Ich/K-Ich | | |
| El-Ich/El-Ich | | |
| K-Ich/El-Ich | | |
| El-Ich/K-Ich | | |

| Mitarbeiter: | häufiger | weniger häufig |
|---|---|---|
| Er-Ich/Er-Ich | | |
| K-Ich/K-Ich | | |
| El-Ich/El-Ich | | |
| K-Ich/El-Ich | | |
| El-Ich/K-Ich | | |

| Mitarbeiter: | häufiger | weniger häufig |
|---|---|---|
| Er-Ich/Er-Ich | | |
| K-Ich/K-Ich | | |
| El-Ich/El-Ich | | |
| K-Ich/El-Ich | | |
| El-Ich/K-Ich | | |

# Produktive/unproduktive Transaktionen mit Kollegen, Mitarbeitern

Allgemein
B+O

| | |
|---|---|
| Zielsetzung: | Kennenlernen und analysieren von Transaktionen im betrieblichen Umfeld |
| Übungstyp: | Einzelarbeit |
| Dauer: | Zirka 30 Minuten |
| Hilfsmittel: | Vorgedruckte Seminarunterlagen (siehe nächste Seite), Schreibmaterial |
| Ablauf: | Der Trainer gibt den Seminarteilnehmern folgende Übungsanleitung: |
| | "Benützen Sie die Anfangsbuchstaben oder Ihren speziellen Code und notieren Sie fünf Personen, mit denen Sie in Ihrem Unternehmen oder Arbeitsbereich häufiger kommunizieren. Diejenigen Personen, in deren Umgebung Sie sich am wohlsten fühlen und mit denen Ihre Gespräche am produktivsten sind, setzen Sie bitte an den Anfang Ihrer Liste. Entsprechend setzen Sie diejenigen Personen, in deren Umgebung Sie sich am wenigsten wohlfühlen, an den Schluß Ihrer Liste. Schreiben Sie bitte neben jeden Namen den am häufigsten genutzten Transaktionstyp, den Sie gewöhnlich mit jeder dieser Personen praktizieren. Verwenden Sie dazu das vorgegebene Übungsblatt. Fragen Sie sich, ob Sie nur eine oder mehrere Arten von Transaktionen mit diesen Personen praktizieren. Überlegen Sie sich ferner im einzelnen, welche Ich-Zustände bei den jeweiligen Transaktionen beteiligt sind." |
| Handling: | Es empfiehlt sich bei dieser Übung auf eine Diskussion zu verzichten. |
| Verwandte Übungen: | "Häufige Transaktionstypen mit Mitarbeitern" |

# Produktive/unproduktive Transaktionen mit Kollegen, Mitarbeitern

Denken Sie an fünf Personen, mit denen Sie am Arbeitsplatz häufiger kommunizieren. Schreiben Sie bitte neben jeden Namen den am häufigsten benutzten Transaktionstyp, den Sie gewöhnlich mit jeder dieser Person praktizieren. Berücksichtigen Sie dabei sowohl produktive als auch unproduktive Transaktionen, Benützen Sie als Anhaltspunkt die fünf am häufigsten vorkommenden Transaktionstypen:

El-Ich/El-Ich, Er-Ich/Er-Ich, K-Ich/K-Ich, El-Ich/K-Ich, K-Ich/El-Ich

| Person | Transaktionstyp | Ich-Zustand |
|---|---|---|
|  |  |  |
|  |  |  |
|  |  |  |
|  |  |  |
|  |  |  |

Überlegen Sie sich bitte jetzt im einzelnen, welche Ich-Zustände bei den jeweiligen Transaktionen beteiligt sind.

# Transaktionen nach beteiligten Ich-Zuständen analysieren

Allgemein
B+0

| | |
|---|---|
| Zielsetzung: | Kennenlernen der Variantionsbreite von Transaktionen<br>Einüben, wie man Transaktionen nach Ich-Zuständen analysiert. |
| Übungstyp: | Einzelarbeit |
| Dauer: | Zirka 40 Minuten |
| Hilfsmittel: | Vorgedruckte Seminarunterlagen (siehe nächste Seite), Schreibmaterial |
| Ablauf: | Die Seminarteilnehmer tragen jeder für sich, die Transaktionen zu den vorgegebenen Dialogen in die jeweiligen Kreise, in Form von Pfeilen auf dem Übungsblatt (nächste Seite) ein.<br><br>Anschließend gemeinsame Auswertung im Plenum oder in Kleingruppen. |
| Handling: | Vor der Übung kann der Trainer einen Dialog exemplarisch analysieren.<br><br>Die von uns ausgewählten Beispiele sollten vom Inhalt und der Menge her gesehen modifiziert werden, je nachdem, mit welcher Zielgruppe man es zu tun hat.<br><br>Mögliche Fragen an die Teilnehmer:<br>● Was haben Sie durch diese Übung für sich gelernt?<br>● Welche Art von Transaktionen war schwer zu analysieren? Warum?<br>● Wie könnten Sie das Wissen um Transaktionen in Ihrem Unternehmen gewinnbringend umsetzen? |
| Verwandte Übungen: | "Transaktionen in Problemsituationen" |

# Transaktionen nach beteiligten Ich-Zuständen analysieren

Seite 1

Bitte tragen Sie die gefundenen Transaktionen in Form von Pfeilen in die jeweiligen Kreisdiagramme ein. (Berücksichtigen Sie dabei auch verdeckte Transaktionen.)

Dialog 1:

1. "Wenn Sie in unserem Unternehmen vorwärts kommen wollen, dann müssen Sie mehr Leistung bringen."
2. "Können Sie mir sagen, welche Anstrengungen ich in dieser Richtung unternehmen kann?"

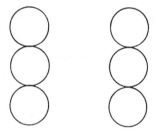

Dialog 2:

1. "Ein Mann mit Ihrer Reife und Erfahrung sollte auch mal eine Entscheidung allein fällen können."
2. "Ich glaube, Sie reden sich da sehr leicht."

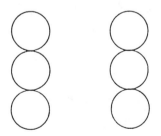

# Transaktionen nach beteiligten Ich-Zuständen analysieren

Seite 2

Dialog 3:

1. "Ich kann Ihnen diesen Auftrag nur geben, wenn Sie auch in der Lage sind, Termine einzuhalten."
2. "Sie wissen doch, Pünktlichkeit ist unser oberstes Gebot!"

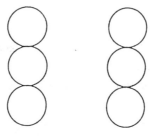

Dialog 4:

1. "In dieser Unterlage kenne ich mich überhaupt nicht aus."
2. "Fragen Sie mich nicht. Ich komme mit meinem Kram selbst nicht zurecht."

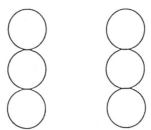

Dialog 5:

1. "Wir werden mit dieser Sache früher fertig als ursprünglich geplant."
2. "Prima. Da können wir ja ein paar Tage Urlaub machen."

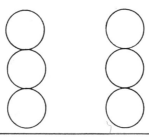

# Transaktionen nach beteiligten Ich-Zuständen analysieren

Seite 3

Dialog 6:

1. "Mensch, ich kann es kaum abwarten, endlich aus dem Büro zu kommen!"
2. "Mir geht es ebenso. Ich muß schon ständig auf die Uhr schauen."

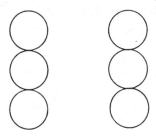

Dialog 7:

1. "Was machen wir mit dem Kollegen X? Mir tut die Sache mit seiner Kündigung echt leid."
2. "Ich glaube, wir sollten ihm jetzt wirklich ein bißchen über den Berg helfen."

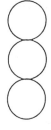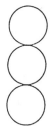

# Transaktionen nach beteiligten Ich-Zuständen analysieren

Seite 4

Dialog 8:

1. "Meinen Sie, daß wir heute vormittag Zeit haben werden, über unseren Budgetplan zu sprechen?"
2. "Ich hoffe nicht. Bis zu diesem Termin haben wir noch solange hin und ich habe heute einfach keine Lust zu arbeiten."

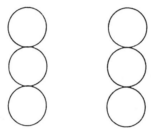

Dialog 9:

1. "Sollen wir die neue Organisationsanweisung wortwörtlich erfüllen?" (Verdeckte Transaktion: "Denen werden wir jetzt mal beweisen, daß das nicht funktionieren kann!")
2. "Ja." (Verdeckte Transaktion: Auf die dummen Gesichter von denen freue ich mich jetzt schon!")

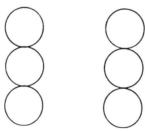

# Transaktionen nach beteiligten Ich-Zuständen analysieren

Seite 5

Überlegen Sie sich selbst einige Transaktionen, die in Ihrem Unternehmen oder in dem Bereich, in dem Sie arbeiten, typisch sind. Formulieren Sie jeweils den Dialog und zeichnen Sie die Transaktionen durch Pfeile in die Kreisdiagramme ein.

Dialog:
1.

2.

Dialog:
1.

2.

Dialog:
1.

2.

# Verdeckte Transaktionen  Speziell

Zielsetzung: Erkennen und Vermeiden von verdeckten Transaktionen

Übungstyp: Einzelarbeit

Dauer: Zirka 30 Minuten

Hilfsmittel: Vorgedruckte Seminarunterlagen (siehe nächste Seite), Schreibmaterial

Ablauf: Jeder Teilnehmer füllt für sich das Übungsblatt aus. Anschließend gemeinsame Diskussion

Handling: Mögliche Fragen an die Teilnehmer:
- Was hindert Sie daran, verdeckte Transaktionen klarzustellen?
- Welche Risiken geht man ein, wenn man verdeckte Transaktionen klarstellt beziehungsweise nicht klarstellt?
- Welche verdeckten Transaktionen sind für das Unternehmen oder für den Bereich, in dem Sie arbeiten, typisch?

Verwandte Übungen: Keine

# Verdeckte Transaktionen

Machen Sie sich bitte zu den folgenden Punkten Gedanken.

1. Denken Sie an zwei Situationen aus dem betrieblichen oder privaten Bereich, wo Sie das Gefühl haben, daß eine verdeckte Transaktion abgelaufen ist.

    a) _____

    _____

    b) _____

    _____

2. Was hat Ihnen Ihr Gesprächspartner wahrscheinlich sagen wollen?

    _____

3. Haben Sie zurückgefragt? Warum oder warum nicht?

    _____

4. Wenn nicht, was hätten Sie gerne gesagt? Hat es jetzt noch einen Sinn zurückzufragen oder ist der Fall für Sie erledigt?_____

    _____

5. Was werden Sie in ähnlich gelagerten Fällen in der Zukunft tun?

    _____

    _____

# Alter-Ego-Spiel

Speziell

| | |
|---|---|
| Zielsetzung: | Sich durch andere selbst besser kennenlernen<br>Kennenlernen eigener Transaktionen<br>Schaffen einer Atmosphäre der Offenheit |
| Übungstyp: | Zweier-Gruppenarbeit mit Beobachtung |
| Dauer: | Mindestens 30 Minuten |
| Hilfsmittel: | Keine |
| Ablauf: | Neben zwei oder drei Beobachtern werden von den übrigen Teilnehmern Paare für Rollenspiele gebildet.<br><br>Einer der Agierenden hat jeweils die Aufgabe, sich angepaßt oder realitätsnah zu verhalten. Der Partner hat die Aufgabe, als "Alter-Ego" die geheimen Gedanken und Empfindungen seines Partners darzustellen und zu äußern.<br><br>Für diese Übung werden zwei Kreise gebildet. Im inneren Kreis sitzen diejenigen Teilnehmer, die ihr angepaßtes oder realitätsnahes Ich darstellen. Jeweils hinter ihnen steht das "Alter-Ego".<br><br>Das Gesprächsthema kann entweder der Realität der Seminargruppe entstammen oder als Spielthema frei gewählt werden. Es sollten konträre Standpunkte möglich sein.<br><br>Während der Übung agieren die beiden Ichs unabhängig voneinander, so daß es zu parallelen oder gekreuzten Transaktionen kommt. Der Trainer oder die Beobachter schreiben Stichworte des Diskussionsverlaufs getrennt nach Ich und Alter-Ego mit. |
| Handling: | Hinweis:<br><br>Werden fiktive Situationen gespielt, kann dies zur Aufdeckung von Vorurteilen unter den Teilnehmern führen.<br><br>Werden reale Situationen behandelt, ist es ein Feedback-Spiel. |
| Verwandte Übungen: | "Rollenspiel II" - "Transaktionen analysieren mit Beobachter" - "Einüben von Transaktionen im Rollenspiel" |

# Festgenagelt

Speziell

| | |
|---|---|
| Zielsetzung: | Analyse der Implikationen von unproduktiven Gesprächen<br>Erkennen von Eltern-Kind-Transaktionen in eigenen Gesprächen |
| Übungstyp: | Wahlweise Einzel-, Zweier-Gruppen oder Kleingruppenarbeit |
| Dauer: | Zirka 30 Minuten |
| Hilfsmittel: | Keine |
| Ablauf: | Der Trainer gibt den Seminarteilnehmern folgende Übungsanleitung:<br><br>"Überlegen Sie, wann und durch was Sie sich bei einem Gespräch festgenagelt fühlen. Wann machen Sie das gleiche mit anderen Gesprächspartnern? Denken Sie an ein Gespräch, das Sie vor kurzem an Ihrem Arbeitsplatz geführt haben und bei dem sich Ihr Partner nicht wohl fühlte. Könnte es sich um eine Eltern-Kind-Transaktion gehandelt haben? Wenn ja, woran haben Sie das erkannt?"<br><br>Die Teilnehmer bilden eventuell Zweier- oder Kleingruppen und diskutieren ihre diesbezüglich gemachten Erfahrungen. |
| Handling: | Mögliche Fragen an die Teilnehmer:<br><br>● Welche Transaktionen laufen Ihrer Erfahrung nach ab, wenn sich einer oder beide Gesprächspartner festgenagelt fühlen?<br>● Wie fühlen Sie sich in derartigen Gesprächen?<br>● Was können Sie dagegen tun? |
| Verwandte Übungen: | "Transaktionen am Arbeitsplatz" - "Transfer in den beruflichen Alltag" - "Wirkung von Korrespondenz" |

# Wirkung von Korrespondenz

Speziell
B+O

| | |
|---|---|
| Zielsetzung: | Eigene Korrespondenz auf mögliche Transaktionen mit den späteren Empfängern hin analysieren |
| Übungstyp: | Einzel-, dann Zweier-Gruppenarbeit |
| Dauer: | Zirka 40 Minuten |
| Hilfsmittel: | Eventuell Schreibmaterial |
| Ablauf: | Der Trainer gibt den Seminarteilnehmern folgende Übungsanleitung: |
| | "Denken Sie an einige Briefe oder Rundschreiben, die erst kürzlich Ihren Schreibtisch verlassen haben. Betrachten Sie nun ein besonders typisches Beispiel davon und machen Sie sich eventuell ein paar Notizen zum Wortlaut dieses Rundschreibens. Fragen Sie sich, was Sie möglicherweise beim Empfänger bewirken oder vielleicht schon bewirkt haben. Wie könnten potentielle Empfänger möglicherweise reagieren? Um welche Formen von Transaktionen könnte es sich handeln? Wollten Sie das erreichen? Warum? Analysieren Sie jeden Satz Ihres Rundschreibens nach der stattgefundenen Transaktion." |
| | Anschließend wählen sich die Teilnehmer einen Partner und diskutieren mit ihm darüber, was sie herausgefunden haben. |
| Handling: | Mögliche Fragen für die allgemeine Diskussion: |
| | • Was haben Sie über sich herausgefunden? |
| | • Mit welchen Transaktionen haben Sie eher Erfolg und mit welchen erleiden Sie eher Schiffbruch? |
| | • Welche Alternativen haben Sie? |
| Verwandte Übungen: | "Transaktionen am Arbeitsplatz" - "Festgenagelt" "Transfer in den beruflichen Alltag" |

# Transaktionen in Problemsituationen

Speziell
B+O

| | |
|---|---|
| Zielsetzung: | Erkennen und Analysieren von Transaktionen |
| Übungstyp: | Einzelarbeit, später Kleingruppenarbeit |
| Dauer: | Zirka 30 Minuten |
| Hilfsmittel: | Vorgedruckte Seminarunterlagen (siehe nächste Seite), Schreibmaterial |
| Ablauf: | Die Teilnehmer füllen das Übungsblatt aus und beantworten zu jeder Situation die entsprechenden Fragen. Anschließend Auswertung und Diskussion in Kleingruppen. |
| Handling: | Die Teilnehmer sollen zu jeder Situation folgende Fragen beantworten: |

- Welche der Transaktionen ist parallel?
- Welche ist überkreuz?
- Und welche verdeckt?

Die von uns vorgegebenen Beispiele sollten vom Trainer je nach Zielgruppe modifiziert werden.

Fragen zur Diskussion:

- Welche Reaktionen könnten Ihre Äußerungen bei den Gesprächspartnern bewirken?
- Ist Ihnen diese Übung eher leicht oder eher schwer gefallen?

Verwandte Übungen: "Transaktionen nach beteiligten Ich-Zuständen analysieren"

# Transaktionen in Problemsituationen

Seite 1

Überlegen Sie sich zu folgenden Situationen mögliche Antworten aus den verschiedenen Ich-Zuständen und fragen Sie sich zu jeder Situation:

- Welche der Transaktionen sind parallel?
- Welche ist überkreuz?
- Und welche verdeckt?

Situation 1:

Ein Mitarbeiter kommt in angetrunkenem und verschlafenen Zustand am Morgen zur Arbeit.

El-Ich _____

Er-Ich _____

K-Ich _____

Situation 2:

Ein Mitarbeiter fordert unberechtigterweise eine Gehaltserhöhung.

El-Ich _____

Er-Ich _____

K-Ich _____

# Transaktionen in
# Problemsituationen

Seite 2

Situation 3:

Ein Kunde beschwert sich bei Ihnen über mangelhafte Auftragsausführung und Terminverzögerung, obwohl Sie nichts dafür können.

El-Ich _____
_____

Er-Ich _____
_____

K-Ich _____
_____

# Übungen zu psychologischen Spielen

| Übung | Seite |
|---|---|
| 1. Spielplan | 167 |
| 2. Angebote | 170 |
| 3. Analyse von Spielen in der Organisation | 172 |
| 4. Tabus | 174 |
| 5. Trainerspiel | 176 |
| 6. Psychologisches Spiel als Rollenspiel | 177 |
| 7. Pro und contra | 178 |
| 8. Beenden von psychologischen Spielen | 180 |
| 9. Urlaub | 181 |
| 10. Spiele erkennen und beenden | 183 |

Die Übungen zum Themenbereich "Psychologische Spiele"
sind nach den folgenden Kriterien geordnet:

- Erkennen von psychologischen Spielen
- Beenden von psychologischen Spielen

Dort wo uns die Grenzen eher fließend erschienen, haben
wir der Zuordnung den Vorrang gegeben, die unserer
Meinung nach den Schwerpunkt der Übung ausmacht.

Der entsprechende Zuordnungsvermerk findet sich auf
jedem Übungsblatt rechts oben.

# Spielplan

Erkennen

| | |
|---|---|
| Zielsetzung: | Erkennen und analysieren von psychologischen Spielen |
| Übungstyp: | Einzelarbeit mit anschließender Gruppendiskussion |
| Dauer: | Zirka 40 Minuten |
| Hilfsmittel: | Vorlage (siehe nächste Seite), Schreibmaterial |
| Ablauf: | Arbeiten mit der Vorlage. Anschließend Auswertung und Diskussion in Kleingruppen oder im Plenum. |
| Handling: | Fragen zur Diskussion: <br>• Ist Ihnen die Beantwortung der Fragen eher leicht oder eher schwer gefallen? <br>• Was können Sie künftig tun, um immer wiederkehrende unangenehme und belastende Situationen zu vermeiden? |
| Verwandte Übungen: | "Spiele erkennen und beenden" - "Angebote" |

# Spielplan

Versuchen Sie, ein psychologisches Spiel durch Beantwortung der folgenden Fragen zu analysieren:

1. Beschreiben Sie mindestens eine Situation, in der Sie im Augenblick Schwierigkeiten mit einer Person in Ihrem beruflichen Umfeld (Mitarbeiter, Kollege etc.) haben oder eine Situation, in der Sie sich verletzt fühlen.

   _____
   _____
   _____
   _____
   _____

2. Tritt diese Situation mit der betreffenden Person immer wieder auf?

   _____
   _____

3. Warum ist die Situation so unerfreulich, so unangenehm?

   _____
   _____

4. Welche verdeckten Transaktionen (unausgesprochene Gefühle, Einstellungen und Meinungen) sind bei Ihnen und dieser Person im Spiel?

   _____
   _____

# Spielplan

Seite 2

5. Welches Gefühl haben Sie, wenn Sie wieder einmal ein unangenehmes Gespräch mit dieser Person hinter sich gebracht haben? Wie glauben Sie, fühlt sich diese Person?
   _____
   _____

6. Welche Rolle (Opfer, Retter, Verfolger) spielt die andere Person?
   _____
   _____

   Welche Rolle spielen Sie?
   _____
   _____

7. Worin bestand für jeden Beteiligten der psychologische Vorteil bei diesem Spiel?
   _____
   _____

8. Wie kann das Spiel beendet werden?
   _____
   _____

9. Wie fühlt sich jeder der Beteiligten am Ende?
   _____
   _____

# Angebote

Erkennen

| | |
|---|---|
| Zielsetzung: | Erkennen, wie man von anderen in ein psychologisches Spiel verwickelt wird |
| Übungstyp: | Einzelarbeit mit anschließender Diskussion |
| Dauer: | Zirka 30 Minuten |
| Hilfsmittel: | Vorgedruckte Seminarunterlagen (siehe nächste Seite), Schreibmaterial |
| Ablauf: | Die Teilnehmer beantworten die Fragen auf dem Übungsblatt in Einzelarbeit. Anschließend wahlweise Zweier-Gruppen, Kleingruppen- oder Plenumsdiskussion |
| Handling: | Fragen zur Diskussion:<br>• Wie haben Sie sich bei der Beantwortung der Fragen gefühlt?<br>• Was könnten Sie in Zukunft anders machen als bisher?<br>• Woran können Sie erkennen, daß ein Spiel läuft? |
| Verwandte Übungen: | "Spielplan" - "Spiele erkennen und beenden" |

# Angebote

Machen Sie sich bitte zu den nachfolgenden Fragen Gedanken.

Mit welchen Angeboten versuchen andere, Sie zu ködern? Auf was fallen Sie normalerweise herein? Welche Verhaltensweisen anderer sprechen in Ihnen das Opfer, den Retter oder den Verfolger an?

_____
_____
_____

Welcher "wunde Punkt" (positiv oder negativ) wird bei Ihnen dadurch angesprochen?

_____
_____
_____

Was passiert dann?

_____
_____
_____

Und wie endet die Situation gewöhnlich?

_____
_____
_____

Welche Gefühle bleiben dann zurück?

_____
_____
_____

# Analyse von Spielen
# in der Organisation

Erkennen

| | |
|---|---|
| Zielsetzung: | Analyse von Spielen im Unternehmen nach beteiligten Rollen und Arten von gesammelten Gefühlen |
| Übungstyp: | Einzelarbeit mit anschließender Diskussion |
| Dauer: | Zirka 40 Minuten |
| Hilfsmittel: | Vorlage (siehe nächste Seite), Schreibmaterial |
| Ablauf: | Die Teilnehmer arbeiten mit dem Übungsblatt. Anschließend Diskussion in Kleingruppen oder im Plenum. Der Trainer erläutert vor der Übung den Unterschied zwischen psychologischer und Verhaltensebene, eventuell mit Beispielen. |
| Handlung: | Fragen zur Diskussion: <br>• Waren es Verfolger, Retter oder Opfer, die die Spiele initiierten? <br>• Welche Spiele werden von Ihnen initiiert? In welche werden Sie hineingezogen? Warum? <br>• Wie schneiden Sie persönlich bei dieser Spielanalyse ab? <br>• Welches sind die häufigsten psychologischen Spiele, an denen Sie beteiligt sind? |
| Verwandte Übungen: | "Tabus" |

# Analyse von Spielen
# in der Organisation

Überlegen Sie sich bitte, welche psychologischen Spiele in Ihrem Unternehmen gespielt werden, an denen Sie beteiligt sind.

Wer sind der oder die anderen Beteiligten?

In welcher psychologischen Rolle sind Sie dabei? In welcher Rolle sind der oder die anderen? Unterscheiden Sie zwischen psychologischer und Verhaltensebene.

Welche Arten von Gefühlen werden von den Beteiligten gesammelt?

| Verhaltensebene | | | Psychologische Ebene | | | Gefühle | | Wie könnte das Spiel heißen? | Wie ist das Ergebnis des Spiels? |
|---|---|---|---|---|---|---|---|---|---|
| O. | R. | V. | O. | R. | V. | eigene | der anderen | | |
| | | | | | | | | | |

O = Opfer    R = Retter    V = Verfolger

# Tabus

Erkennen

| | |
|---|---|
| Zielsetzung: | Erkennen von Spielen in der Organisation |
| Übungstyp: | Einzelarbeit beziehungsweise Gruppenarbeit mit anschließender Plenumsdiskussion |
| Dauer: | Zirka 40 Minuten |
| Hilfsmittel: | Vorlage (siehe nächste Seite), Schreibmaterial |
| Ablauf: | Arbeiten mit der Vorlage<br>Anschließend Plenumsdiskussion |
| Handling: | Fragen zur Diskussion:<br>• Worin bestehen die scheinbaren Vorteile dieses Verhaltens?<br>• Was ist die Ursache des Schweigens und des Nicht-darüber-reden-wollens? |
| Verwandte Übungen: | "Analyse von Spielen in der Organisation" |

# Tabus

Denken Sie an ein brisantes Thema oder Problem in Ihrer Organisation, über das aber nicht gesprochen werden darf.

1. In welche Rollen geraten dabei die Beteiligten auf der psychologischen und Verhaltensebene?

2. Welche Spiele lassen sich erkennen?

3. Wie läßt sich die Situation entkrampfen? Welche Interventionen bieten sich an? Wie können die Beteiligten aus dem Drama-Dreieck herauskommen? Wer könnte den Anstoß geben, den Anfang machen (wobei es sich dabei auch um einen Unbeteiligten handeln kann)? Was können Sie tun?

# Trainerspiel

Erkennen

**Zielsetzung:** Erkennen, wie ein spontanes psychologisches Spiel läuft

**Übungstyp:** Übung im Plenum mit anschließender Diskussion

**Dauer:** Zirka 30 Minuten

**Hilfsmittel:** Keine

**Ablauf:** Der Trainer zieht die Teilnehmer unauffällig in ein psychologisches Spiel, dadurch, daß er in die Opfer-Rolle geht. Er gibt gegenüber den Teilnehmern vor, an einem bestimmten Punkt nicht mehr weiter zu können und stellt die Frage: "Was können wir jetzt machen?"

Er wartet weitere Reaktionen ab und beendet zu gegebenem Zeitpunkt das angelaufene Spiel.

Anschließend gemeinsame Diskussion.

**Handling:** Der Trainer muß sich gut verstellen können.

Fragen zur Diskussion:
- Warum wurde das Spiel erkannt, nicht erkannt?
- Wie hätten die Teilnehmer es vermeiden können, auf das Spielangebot des Trainers einzugehen?

**Verwandte Übungen:** Keine

# Psychologisches Spiel als Rollenspiel

Erkennen

| | |
|---|---|
| Zielsetzung: | Bewußtes Nachvollziehen und Erkennen von psychologischen Spielen |
| Übungstyp: | Kleingruppenarbeit mit anschließender Diskussion |
| Dauer: | Zirka 60 Minuten |
| Hilfsmittel: | Keine |
| Ablauf: | Der Trainer gibt den Seminarteilnehmern folgende Übungsanleitung: "Bilden Sie Kleingruppen und denken Sie an zwei oder drei der vorher besprochenen psychologischen Spiele. Sprechen Sie in Ihrer Gruppe über die spezielle Situation, mögliche Beteiligte und ihre Rollen, Dialoge und Settings unter denen diese Spiele stattfinden. Überlegen Sie sich dann, wie Sie eines der Spiele nachspielen können. Verteilen Sie untereinander die zu spielenden Rollen. Üben Sie das Spiel zunächst in der Gruppe ein und spielen Sie es dann vor allen Seminarteilnehmern." Das Plenum versucht herauszufinden, um welches spezielle Spiel es sich handelt. |
| Handling: | Vor dieser Übung stellt der Trainer eine Reihe bekannter psychologischer Spiele vor. Fragen für die gemeinsame Diskussion: <br>• Woran wurde ein psychologisches Spiel erkannt/nicht erkannt? <br>• Was sind Ihrer Meinung nach sehr beliebte psychologische Spiele in Organisationen? <br>• Wie hätten die vorgestellten psychologischen Spiele beendet werden können? <br>• Welche Erfahrungen haben Sie in der Spielsituation gemacht? |
| Verwandte Übungen: | "Beenden von psychologischen Spielen" |

# Pro und Contra

Erkennen

Zielsetzung: Erleben und anschließendes Analysieren einer Diskussion, die allmählich in eine Serie psychologischer Spiele zerfällt

Übungstyp: Plenumsdiskussion mit anschließender Auswertungsdiskussion (eventuell mit Video-Aufzeichnung)

Dauer: Zirka 60 Minuten

Hilfsmittel: eventuell Video-Aufzeichnung, Flipchart

Ablauf:
- Sammeln von brisanten Diskussionsthemen
- Einigung auf ein Thema
- Durchführung einer unstrukturierten Diskussion (kein Diskussionsleiter)
- anschließende Auswertungsdiskussion vor dem Hintergrund "Drama-Dreieck" und "psychologische Spiele"

Handling: Der Trainer sammelt zuerst auf Flipchart mit den Teilnehmern brisante und aktuelle Diskussionsthemen, über die man im Sinne von pro und contra wirklich geteilter Meinung sein kann. Im Idealfall ist absehbar, daß die Vertreter des pro- und contra-Standpunkts im Plenum zahlenmäßig einigermaßen gleichmäßig verteilt sein werden.

Über deutlich ideologisch aufgeladene Themen wie "Frauen in Führungspositionen", "Arbeitszeitverkürzung bei entsprechender Lohn- und Gehaltsreduzierung als Maßnahme gegen die Arbeitslosigkeit" bieten sich als Themen auch umstrittene Entscheidungen aus dem Unternehmen an, wie z. B. Entlassungen, organisatorische Änderungen, Personalpolitik u. ä.

Der Trainer gibt für die anschließende Diskussion entweder einen Zeitrahmen vor oder er läßt sie einfach laufen, um sie an entsprechender Stelle abzubrechen.

Die folgende Auswertungsdiskussion kann unter nachstehenden Aspekten geführt werden:

- Wie wurde die Diskussion klimatisch erlebt, wie fühlten sich die Teilnehmer?

# Pro und Contra (Fortsetzung)

| | |
|---|---|
| Handling: | • Inwieweit wurden unterschwellige Spannungen zwischen einzelnen Teilnehmern spürbar, inwieweit kam es zu einem Gefühl zunehmender Unwirklichkeit? |
| | • Welche Spiele wurden gespielt, was war ihr eigentliches Motto? |
| | • Wie hätte man diese Spiele beenden können? |
| | • Was wäre zu klären gewesen (Ziel und Ablauf der Diskussion), welche Meinungen und Standpunkte hätte man hinterfragen müssen, um insgesamt eine produktive Diskussion führen und damit aus dem Drama-Dreieck herauskommen zu können? |
| Verwandte Übungen: | "Angebote" |

# Beenden von psychologischen Spielen

Beenden

| | |
|---|---|
| Zielsetzung: | Erarbeiten und Einüben von Strategien für das Beenden von psychologischen Spielen |
| Übungstyp: | Kleingruppenarbeit mit anschließender Diskussion |
| Dauer: | Zirka 60 Minuten |
| Hilfsmittel: | Keine |
| Ablauf: | Der Trainer gibt den Seminarteilnehmern folgende Übungsanleitung: |

"Bilden Sie Kleingruppen und überlegen Sie gemeinsam typische Spiele, die andere (Mitarbeiter, Führungskräfte, Kunden, Verkäufer, Kollegen) mit Ihnen spielen. Spielen Sie die Situation in Form von Kurzrollenspielen durch und setzen Sie dabei unterschiedliche Verhaltensweisen ein, um das Spiel zu beenden. Werden Sie sich Ihrer Rolle bewußt, die Sie in diesem Spiel einnehmen".

Anschließend Diskussion im Plenum

Handling: Der Trainer erläutert den Teilnehmern vor dieser Übung die wichtigsten Regeln, wie man psychologische Spiele beendet und gibt Beispiele.

Fragen zur Diskussion:

- Welches Verhalten war am produktivsten?
- Sind bestimmte Verhaltensweisen bei bestimmten Spielen produktiver als andere? Welche?
- Welche Nachteile kann es geben, wenn Spiele beendet werden?

Verwandte Übungen: "Psychologisches Spiel als Rollenspiel"

# Urlaub

Beenden

| | |
|---|---|
| Zielsetzung: | Beenden eines Spiels in der Gruppe |
| Übungstyp: | Kleingruppenarbeit (4 Teilnehmer) zu einem Verteilungskonflikt mit Auswertungsdiskussion |
| Dauer: | Zirka 45 Minuten |
| Hilfsmittel: | eventuell Video-Aufnahme |
| Ablauf: | Der Trainer gibt den Seminarteilnehmern folgende Einweisung in die Situation: |

Drei Mitarbeiter einer Abteilung wollen während der Hauptferienzeit im Sommer gleichzeitig in Urlaub gehen:

- Mitarbeiter A hat schulpflichtige Kinder und kann den Urlaub nicht verschieben.
- Mitarbeiterin B hat zwar keine Kinder, ist aber an den Werksurlaub ihres Mannes gebunden. Der Werksurlaub fällt voll in die fragliche Zeitspanne.
- Mitarbeiter C muß seine schwerkranke Mutter auf eine Kur begleiten, die mit Hausarzt, Krankenkasse und Kurklinik bereits definitiv vereinbart und gebucht ist.

Von den drei Mitarbeitern kann während dieser Zeit nur einer in Urlaub gehen, da ansonsten die Arbeitsfähigkeit der Abteilung nicht mehr gewährleistet ist.

Aufgabe des Vorgesetzten D ist es, in einem Vierer-Gespräch zu einer Lösung des anstehenden Problems zu kommen.

Nach dem Gespräch Auswertung im Plenum.

Handling: Fragen zur Auswertungsdiskussion:

- Welche Spiele wurden gespielt?
- Inwieweit ist es dem Vorgesetzten gelungen, sich aus dem Drama-Dreieck herauszuhalten?

# Urlaub (Fortsetzung)

**Handling:**
- Inwieweit hat er der Versuchung widerstanden, ein Machtwort (= Verfolger-Rolle) zu sprechen?
- Welche seiner Interventionen (Fragen, Hinweise, Klarstellungen, Feedback an Mitarbeiter u. ä.) erwiesen sich als wirkungsvoll?

**Verwandte Übungen:** "Beenden von psychologischen Spielen"

# Spiele erkennen und beenden

Beenden

| | |
|---|---|
| Zielsetzung: | Erkennen und analysieren einer psychologischen Spielsituation, mit dem Ziel, sie zu beenden |
| Übungstyp: | Einzelarbeit mit anschließender Diskussion |
| Dauer: | Zirka 60 Minuten |
| Hilfsmittel: | Vorlage (siehe nächste Seite), Schreibmaterial |
| Ablauf: | Arbeiten mit der Vorlage<br>Anschließend Diskussion im Plenum |
| Handling: | Fragen zur Diskussion:<br>• Ist Ihnen die Beantwortung der Fragen eher leicht oder eher schwer gefallen?<br>• Was haben Sie gelernt?<br>• Was können Sie konkret tun, um zu vermeiden, daß Sie in eine ähnliche Spielsituation wie diese geraten?<br>• In welchen Situationen spielen Sie Ihre eigenen Schwächen besonders in den Vordergrund? Wann prahlen Sie mit Ihren Vorzügen und Stärken? |
| Verwandte Übungen: | "Spielplan" - "Angebote" |

# Spiele erkennen und beenden

Seite 1

Denken Sie an unangenehme und belastende Situationen, in die Sie immer wieder hineingeraten. Etwa die Situation, wo Ihnen offensichtlich jemand etwas versprochen hat, sein Versprechen aber plötzlich nicht einhält.

Die Situation, in die Sie immer wieder hineingeraten:
(Beschränken Sie sich bitte auf einen Fall.)

_____
_____
_____
_____

Wer ist außer Ihnen noch beteiligt?

_____
_____

Was ist der Anlaß oder die Ursache für die Situation? Wie sind Sie da hineingekommen?

_____
_____

In welcher Rolle sind Sie dabei, in welcher Rolle ist der (die) andere(n)?

_____
_____

Wie lautet von Ihnen oder vom anderen aus gesehen die verdeckte Botschaft?

_____
_____

# Spiele erkennen und beenden

Seite 2

Wie würden Sie mit einem Kurztitel das Spiel bezeichnen, das zwischen Ihnen und anderen läuft?
_____
_____

Welche psychologischen oder sogar konkreten Vorteile haben die Beteiligten durch das Spiel?
_____
_____

Welches negative Gefühl verbindet sich für Sie mit dieser Situation?
_____
_____

Bei welchen Gelegenheiten können Sie damit beginnen, das Spiel zu beenden?
_____
_____

Wie können Sie das tun?
_____
_____

Was können Sie bereits beim nächsten Mal anders machen?
_____
_____

Bei welchen Gelegenheiten laufen ähnliche Spiele?
_____
_____

# Übungen zu Rabattmarken

| Übung | Seite |
|---|---|
| 1. Sammeln und Einlösen von Rabattmarken | 185 |
| 2. Rabattmarken und Rollenspiel | 191 |
| 3. Ärgermarken | 192 |
| 4. Rabattmarken-Kette | 195 |
| 5. Freudemarken | 197 |

Die Übungen zum Themenbereich "Psychologische Rabattmarken"
sind nach den folgenden Kriterien geordnet:

- Erkennen von Nicht-O.K.-Gefühlssituationen
- Bewußtes Erleben von Nicht-O.K.-Gefühlssituationen
- Finden von Alternativen

Der entsprechende Vermerk findet sich auf jedem Übungsblatt
rechts oben.

# Sammeln und Einlösen von Rabattmarken

Erkennen

| | |
|---|---|
| Zielsetzung: | Erkennen, wenn andere meinetwegen Rabattmarken sammeln |
| Übungstyp: | Wahlweise Einzelarbeit, Zweier- oder Kleingruppenarbeit |
| Dauer: | Zirka 30 Minuten |
| Hilfsmittel: | Vorgedruckte Seminarunterlagen (siehe nächste Seite), Schreibmaterial |
| Ablauf: | Arbeiten mit der Unterlage in Gruppen<br>Falls Einzelarbeit, anschließend Plenumsdiskussion |
| Handling: | Fragen zur Diskussion:<br>• Wie können Sie es vermeiden, das Opfer einer Person zu werden, die ihre Ärgermarken bei Ihnen "schuldfrei" einlösen möchte?<br>• Inwieweit bin ich dafür verantwortlich, daß ein anderer wegen mir Rabattmarken sammelt? |
| Verwandte Übungen: | "Ärgermarken" - "Freudemarken" |

# Sammeln und Einlösen
# von Rabattmarken

1. Bei welchen Gelegenheiten glauben Sie, daß andere (Führungskräfte, Mitarbeiter, Kollegen, Kunden etc.) aufgrund Ihres Verhaltens Rabattmarken sammeln?

   _____
   _____
   _____

2. Woran kann ich möglicherweise beim anderen erkennen, daß er sammelt?

   _____
   _____
   _____

3. Wie fühle ich mich dabei, wenn andere wegen mir Rabattmarken sammeln?

   _____
   _____
   _____

4. Inwieweit löst der andere in meiner Gegenwart die Rabattmarken ein?

   _____
   _____
   _____

5. Inwieweit bin ich bereit, an meinem Verhalten etwas zu ändern?

   _____
   _____
   _____

# Rabattmarken und Rollenspiel  Erleben

| | |
|---|---|
| Zielsetzung: | Bewußtes Erleben des Sammelns von Rabattmarken |
| Übungstyp: | Übung im Plenum |
| Dauer: | Variabel |
| Hilfsmittel: | Eventuell Kassettenrecorder, Papiermarken, Plastikchips, Schalen u.ä. |
| Ablauf: | Jeweils zwei Teilnehmer führen im Plenum ein problematisches Gespräch mit verteilten Rollen, zum Beispiel ein Bewerberinterview, (zirka drei bis fünf Minuten) durch. |
| | Beide Partner berichten sich nach dem Gespräch, worüber sie sich geärgert haben. Anschließend diskutieren sie mit dem Plenum, was sie hätten tun können, um das Sammeln von Rabattmarken zu vermeiden. |
| | Dasselbe Gespräch wird nun von beiden Beteiligten ein zweites Mal geführt. Beide Seiten berichten sich wieder, an welcher Stelle sie Ärgermarken gesammelt haben und vergleichen ihre gesammelten Marken mit dem ersten Durchgang (Mögliche Frage: Sind es weniger geworden?). |
| | Eventuell Gesprächsauswertung mit Kassettenrecorder. |
| | Wiederholung der Übung mit neuen Teilnehmern |
| Handling: | Die Gespräche sollen nicht länger als drei bis fünf Minuten dauern, damit sich die Teilnehmer noch an den Gesprächsinhalt erinnern können. |
| | Die Gespräche können auch auf Kassette aufgenommen werden. Bei der Auswertung kann dann das Gespräch unterbrochen und gefragt werden: "Warum haben Sie sich an dieser Stelle geärgert?" |
| | Zur Kennzeichnung, wann und wieviele Ärgermarken beide Gesprächspartner sammeln, hat jeder ein Häufchen Ärgermarken und eine kleine Schale vor sich liegen, in die er bei Bedarf eine Marke legen kann. |
| Verwandte Übungen: | Keine |

# Ärgermarken    Alternativen

**Zielsetzung:**   Alternativen finden zum Ärgermarkensammeln

**Übungstyp:**   Einzelarbeit mit anschließender Diskussion

**Dauer:**   Zirka 40 Minuten

**Hilfsmittel:**   Vorlage (siehe nächste Seite), Schreibmaterial

**Ablauf:**   Arbeiten mit der Vorlage
Anschließend Plenumsdiskussion

**Handling:**   Fragen zur Diskussion:
- Ist Ihnen die Beantwortung der Fragen eher leicht oder eher schwer gefallen? Warum?
- Was haben Sie gelernt?
- Wer ist schuld, wenn Sie Rabattmarken sammeln?
- Welchen psychologischen Gewinn ziehen Sie aus Ihrem Ärger?
- Wie definieren Sie Ärger?

**Verwandte Übungen:**   "Freudemarken" - "Sammeln und Einlösen von Rabattmarken"

# Ärgermarken

Seite 1

1. Bei welchen Gelegenheiten im Beruf sammeln Sie Ärgermarken?

2. Wer ist außer Ihnen noch an dieser Situation beteiligt?

3. Worüber ärgern Sie sich bei/m anderen?

4. Inwieweit ist es immer wieder dasselbe, über das Sie sich ärgern?

5. Wenn Sie genau hinsehen, inwieweit ist Ihr Ärger berechtigt? Inwieweit beruht Ihr Ärger auf einer unrealistischen Annahme darüber, wie der oder die anderen sich verhalten sollten?

# Ärgermarken        Seite 2

6. Wie, wem gegenüber und wann lösen Sie Ihre gesammelten Rabattmarken ein?

   _____
   _____
   _____


7. Inwieweit ändert sich etwas an der Tatsache, daß Sie sich über bestimmte Personen oder Dinge ärgern?

   _____
   _____
   _____


8. Welche Möglichkeiten haben Sie noch, mit Ärger umzugehen? Welche Erwachsenen-Ich-Lösungen bieten sich an?

   _____
   _____
   _____

# Rabattmarken-Kette　　　　　　　　　　　　　　　　　Alternativen

| | |
|---|---|
| Zielsetzung: | Erkennen von Verhaltensalternativen in Situationen, in denen andere Rabattmarken bei mir einlösen |
| Übungstyp: | Wahlweise Einzelarbeit, Zweier- oder Kleingruppenarbeit |
| Dauer: | Zirka 30 bis 60 Minuten (abhängig von der Gruppengröße) |
| Hilfsmittel: | Vorgedruckte Seminarunterlagen (siehe nächste Seite), Schreibmaterial |
| Ablauf: | Arbeiten mit der Unterlage. Erfahrungsaustausch im Plenum. |
| Handling: | Fragen zur Diskussion:<br>• Welche entsprechenden Situationen konnten identifiziert werden?<br>• Welche Alternativen zum Rabattmarken-Sammeln wurden gefunden? |
| Verwandte Übungen: | "Sammeln und Einlösen von Rabattmarken" |

# Rabattmarken-Kette

1. Bei welchen Gelegenheiten habe ich den Eindruck, daß andere ihre Rabattmarken-Sammlungen bei mir einlösen?

2. Wie machen die anderen das?
   (laut - leise, offen - verdeckt, leicht erkennbar - schwer erkennbar)

3. Wie verhalte ich mich dann, wie reagiere ich darauf?
   (Wenn andere bei mir ihre Marken einlösen, habe ich eine "gute" Chance, meinerseits eine Sammlung zu beginnen)

4. Wenn ich feststelle, daß ich zu sammeln beginne, welche Möglichkeiten habe ich, mit der Situation angemessen umzugehen?

5. Welche Möglichkeiten habe ich gegenüber anderen, die Situation zu öffnen?

6. Was werde ich tatsächlich tun?

# Freudemarken

Alternativen

**Zielsetzung:** Erkennen von Situationen, in denen o.k.-Gefühle gesammelt werden
Überlegen, wie man zu mehr o.k.-Gefühlen kommt

**Übungstyp:** Wahlweise Einzelarbeit, Zweier- oder Kleingruppendiskussion

**Dauer:** Zirka 20 Minuten

**Hilfsmittel:** Keine

**Ablauf:** Die Teilnehmer machen sich, jeder für sich, in Zweier- oder Kleingruppen Gedanken über folgende Fragen:

- Bei welchen Gelegenheiten sammeln Sie Glücksmarken?
- Was können Sie von sich aus tun, damit Sie noch mehr bekommen?

Falls Einzelarbeit, anschließend Plenumsdiskussion.

**Handling:** Fragen zur Diskussion:

- Warum gibt es im beruflichen Alltag so gut wie keine Freudemarken?
- Welche Hindernisse stellen sich Ihnen beim Sammeln von Freudemarken in den Weg?

**Verwandte Übungen:** "Ärgermarken" - "Sammeln und Einlösen von Rabattmarken"

# Übungen zur Zeitstrukturierung

| Übung | Seite |
|---|---|
| 1. Zeit | 201 |
| 2. Ich sehe - ich stelle mir vor | 202 |
| 3. Spontaner und offener menschlicher Kontakt | 203 |
| 4. Rituale | 204 |
| 5. Persönliche Zeitstrukturierung | 206 |
| 6. Zeitstrukturierung der Mitarbeiter | 208 |

Die Übungen zum Themenbereich "Zeitstrukturierung" sind nach den folgenden Kriterien geordnet:

● allgemeine Übungen bzw. Übungen zu einzelnen Unterbereichen und

● spezielle Übungen mit dem Schwerpunkt Beruf und Organisation (B+O).

Der entsprechende Vermerk findet sich auf jedem Übungsblatt rechts oben.

# Zeit

**Allgemein**

---

**Zielsetzung:** Spontanes Strukturieren der Zeit in der Gruppe

**Übungstyp:** Kleingruppenarbeit mit anschließender Diskussion

**Dauer:** Zirka 75 Minuten

**Hilfsmittel:** Keine

**Ablauf:** Die Teilnehmer bilden Kleingruppen mit jeweils einem Beobachter.
Nach einer Stunde treffen sich alle wieder im Plenum.
Anschließend gemeinsame Diskussion.

**Handling:** Der Trainer gibt den Teilnehmern keine Anweisungen darüber, was sie in dieser Stunde tun oder machen sollen.

Fragen zur Diskussion:
- Welche Streicheleinheiten haben Sie während dieser Übung bekommen?
- Welche Probleme ergaben sich in Ihrer Gruppe?

**Verwandte Übungen:** Keine

# Ich sehe - ich stelle mir vor          Allgemein

| | |
|---|---|
| Zielsetzung: | Dem anderen Spontanität und Offenheit entgegenbringen und an sich selbst erfahren |
| Übungstyp: | Zweier-Gruppen mit Diskussion |
| Dauer: | Variabel |
| Hilfsmittel: | Keine |
| Ablauf: | Der Trainer gibt den Teilnehmern folgende Übungsanleitung: |

"Wählen Sie sich einen Partner und setzen Sie sich einander möglichst nahe gegenüber. Nehmen Sie sich Zeit und betrachten Sie Ihren Partner einmal richtig bewußt. Studieren Sie ihn und lassen Sie das, was Sie sehen auf sich wirken. Sie könnten ihm dann zum Beispiel sagen: "Ihre Augen wirken auf mich irgendwie verschmitzt, ich stelle mir vor, ich könnte mit Ihnen etwas Tolles anstellen."

Erzählen Sie Ihrem Partner Ihre Phantasien über ihn."

Anschließend Diskussion

| | |
|---|---|
| Handling: | Fragen zur Diskussion: |

- Welche Gefühle haben Sie nach dieser Übung Ihrem Partner gegenüber?
- Was war leicht, was war schwer an dieser Übung?

| | |
|---|---|
| Verwandte Übungen: | "Spontaner und offener menschlicher Kontakt" |

# Spontaner und offener menschlicher Kontakt

Allgemein

| | |
|---|---|
| Zielsetzung: | Herstellen eines offenen, echten Kontakts zum Partner |
| Übungstyp: | Zweier-Gruppenarbeit |
| Dauer: | Zirka 30 Minuten |
| Hilfsmittel: | Keine |
| Ablauf: | Der Trainer gibt folgende Übungsanleitung: |

"Führen Sie diese Übung mit einer Person durch, die Sie im Seminar schon etwas besser kennengelernt haben. Versuchen Sie einmal bewußt auf Spiele, Rituale oder ähnliches zu verzichten.

Gehen Sie zusammen dorthin, wo Sie sich ungestört unterhalten können, setzen Sie sich einander gegenüber und schauen Sie sich in die Augen.

Teilen Sie nun einander abwechselnd etwas mit, was Ihnen ein echtes Anliegen ist - eine Sorge, ein Interesse, einen Vorfall aus dem Betrieb.

Nehmen Sie teil an den Gefühlen des anderen und teilen Sie diese einander offen und direkt in der Ich-Form mit.

Wenn Sie zuhören, bemühen Sie sich um ein aktives Feedback. Ergreifen Sie abwechselnd die Initiative."

Anschließend Diskussion

Handling: Fragen zur Diskussion:

- Welche Gefühle haben Sie nach dieser Übung Ihrem Partner gegenüber?
- Konnten Sie einen echten Kontakt zu Ihrem Gegenüber aufbauen? Wenn nein, warum nicht?
- Wie verbringen Sie im betrieblichen Alltag Ihre Zeit mit denjenigen Leuten, zu denen Sie eine echte Beziehung aufgebaut haben? Wie mit den anderen?

Verwandte Übungen: "Ich sehe - ich stelle mir vor"

# Rituale

Speziell
B+O

| | |
|---|---|
| Zielsetzung: | Sich über die Bedeutung von Ritualen im Unternehmen klar werden |
| Übungstyp: | Einzelarbeit mit anschließender Diskussion |
| Dauer: | Zirka 30 Minuten |
| Hilfsmittel: | Vorlage (siehe nächste Seite), Schreibmaterial |
| Ablauf: | Arbeiten mit der Vorlage. Wahlweise Diskussion im Plenum, in Klein- oder Zweier-Gruppen. |
| Handling: | Fragen zur Diskussion: <br> • Bei welchen Gelegenheiten laden Sie andere zu einem Ritual ein? <br> • Welchen psychologischen Gewinn ziehen Sie aus diesem Verhalten? <br> • Welchen ungewohnten Ausgang könnte ein Ritual nehmen? |
| Verwandte Übungen: | Keine |

# Rituale

1. Nennen Sie ein typisches Ritual, dem Sie in Ihrem Unternehmen häufig begegnen.

   _____
   _____

2. Was ist der Sinn und Nutzen dieses Rituals für das Unternehmen/ für Sie?

   _____
   _____

3. Welche Gefühle haben Sie während des Rituals den Beteiligten gegenüber?

   _____
   _____

4. Wenn Sie der Meinung sind, daß dieses Ritual Zeitverschwendung ist, was können Sie unternehmen, um dieses Ritual abzuschaffen?

   _____
   _____

5. Wenn dies nicht möglich ist, wie können Sie trotzdem für sich selbst einen Nutzen daraus ziehen?

   _____
   _____

6. Wenn Sie an einem Ritual beteiligt sind, in welchem Ich-Zustand befinden Sie sich dann in der Regel? In welchem der oder die anderen?

   _____
   _____

# Persönliche Zeitstrukturierung

Speziell
B+O

**Zielsetzung:** Sich der eigenen Zeitstrukturierung bewußt werden

**Übungstyp:** Einzelarbeit mit anschließender Diskussion

**Dauer:** Zirka 40 Minuten

**Hilfsmittel:** Unterlage (siehe nächste Seite), Schreibmaterial

**Ablauf:** Arbeiten mit der Unterlage.
Wahlweise Diskussion im Plenum, in Klein- oder Zweier-Gruppen.

**Handling:** Fragen zur Diskussion:
- Wie unterscheidet sich Ihre berufliche von Ihrer privaten Zeitstrukturierung?
- Woran könnte dies Ihrer Meinung nach liegen?
- Welche praktischen Konsequenzen ließen sich Ihrer Meinung nach aus dieser Übung ziehen?

**Verwandte Übungen:** "Zeitstrukturierung der Mitarbeiter"

# Persönliche Zeitstrukturierung

1. Denken Sie an einen typischen Arbeitstag. Wie strukturieren Sie ihre Zeit?

| Zeitstrukturierung | Ihre typischen Beispiele für die Formen der Zeitstrukturierung | Zeitverteilung (Ist-Zustand) | Meine Energieverteilung | Zeitverteilung (Soll-Zustand) |
|---|---|---|---|---|
| Rückzug | | | | |
| Rituale | | | | |
| Zeitvertreib | | | | |
| Psychologische Spiele | | | | |
| Aktivitäten | | | | |
| Offener Kontakt | | | | |
| | | 100% | 100% | 100% |

2. Für welche Formen der Zeitstrukturierung wenden Sie Ihrer Meinung nach zuviel, für welche zuwenig Zeit auf?

_____
_____

3. Für welche Formen der Zeitstrukturierung erhalten Sie positive, für welche negative Streicheleinheiten?

_____
_____

4. Wie sähe Ihrer Meinung nach Ihre persönliche Idealverteilung aus?

_____
_____

5. Wenn Sie etwas ändern wollten, was, wann und wie würden Sie dies tun?

_____
_____

# Zeitstrukturierung
# der Mitarbeiter

Speziell
B+O

| | |
|---|---|
| Zielsetzung: | Erkennen und analysieren, wie Mitarbeiter die Zeit am Arbeitsplatz strukturieren und woher die Beteiligten ihre Streicheleinheiten beziehen |
| Übungstyp: | Einzelarbeit mit anschließender Diskussion |
| Dauer: | Zirka 40 Minuten |
| Hilfsmittel: | Unterlage (siehe nächste Seite), Schreibmaterial |
| Ablauf: | Arbeiten mit der Unterlage. Anschließend wahlweise Diskussion in Kleingruppen oder im Plenum. |
| Handling: | Fragen zur Diskussion: <br> • Welche Formen der Zeitstrukturierung Ihrer Mitarbeiter sind Ihrer Meinung nach dysfunktionell für Ihr Unternehmen? <br> • Wie beeinflußt die Zeitstrukturierung Ihrer Mitarbeiter Ihre eigene? <br> • Wie könnten Sie den spontanen und offenen Kontakt zu Ihren Mitarbeitern noch mehr fördern? |
| Verwandte Übungen: | "Persönliche Zeitstrukturierung" |

# Zeitstrukturierung der Mitarbeiter

| Denken Sie an einen typischen Arbeitstag ..................... | | | |
|---|---|---|---|
| Zeitstrukturierung | Wie verbringen Ihre Mitarbeiter ihre Zeit? (Ihre persönliche Schätzung in %) | Typische Beispiele | Mögliche Änderungen aus Ihrer Sicht |
| Rückzug<br>Rituale<br>Zeitvertreib<br>Spiele<br>Aktivität<br>Offener Kontakt | | | |

1. Was glauben Sie, warum sieht die Verteilung so aus, wie sie aussieht?
   _____
   _____

2. Inwieweit ist diese Verteilung auf Ihr Verhalten und Ihre Art des Führens zurückzuführen?
   _____
   _____

3. Wo bekommen Ihre Mitarbeiter ihre Streicheleinheiten her?
   _____
   _____

4. Wo bekommen Sie Ihre Streicheleinheiten her?
   _____
   _____

5. Was möchten Sie ändern?
   _____
   _____

# Übungen zum Feedback

| Übung | Seite |
|---|---|
| 1. Blitzlicht | 213 |
| 2. Schild auf der Brust | 214 |
| 3. Sich Streicheleinheiten holen | 215 |
| 4. Feedback-Kurzübung | 216 |
| 5. Schuhspiel | 217 |
| 6. Individuelle Feedback-Bedingungen | 218 |
| 7. Persönliches Feedback-Diagramm | 221 |
| 8. Streicheleinheiten | 223 |
| 9. Discounting | 224 |
| 10. Sign-on-the-back | 227 |
| 11. Feedback-Kreis I | 228 |
| 12. Feedback-Kreis II | 229 |
| 13. Schriftliches Feedback | 230 |
| 14. Streicheleinheiten-Börse | 232 |
| 15. Feedback-Stuhl | 233 |
| 16. Feedback-Bedingungen im Unternehmen | 234 |
| 17. Beachtungsverhalten | 237 |
| 18. Feedback zum Gesprächsverhalten | 239 |
| 19. Chinesischer Fächer | 241 |

Die Übungen zum Themenbereich "Feedback" sind nach folgenden Kriterien geordnet:

- Erleben von Feedback

- allgemeine Übungen zum Erkennen und Analysieren von Feedback

- Übungen zum Bereich Geben und Annehmen von Feedback

- Übungen zum Erkennen und Analysieren von Feedback mit Schwerpunkt Beruf und Organisation (B+O)

- Übung zum Umsetzen von Feedback

Der entsprechende Vermerk findet sich auf jedem Übungsblatt rechts oben.

# Blitzlicht

Erleben

| | |
|---|---|
| Zielsetzung: | Erleben der Wirkung von Feedback<br>Aufdecken von Unzufriedenheiten bezüglich des Seminarablaufs |
| Übungstyp: | Kurzübung im Plenum |
| Dauer: | Pro Teilnehmer zirka zwei Minuten |
| Hilfsmittel: | Keine |
| Ablauf: | Jeder Teilnehmer, einschließlich Trainer, wird aufgefordert, kurz seinen momentanen Eindruck vom Seminarverlauf und sein tatsächliches Gefühl hierüber zum Ausdruck zu bringen.<br>Jeder versucht dabei, seinen Beitrag in einem Satz zusammenzufassen.<br>Der Trainer sowie die übrigen Seminarteilnehmer nehmen zunächst keine Stellung zu den einzelnen Beiträgen. |
| Handling: | Es ist ungünstig, wenn der Trainer sein Blitzlicht zuerst abgibt, da er damit unter Umständen den Übungsverlauf beeinflußt.<br>Auswertungskriterien:<br>• Welche Störungen gibt es in der Gruppe?<br>• Sind Bedürfnisse unbeachtet geblieben?<br>• Ist der Stoff zu schwer/leicht? |
| Verwandte Übungen: | Keine |

# Schild auf der Brust

Erleben

| | |
|---|---|
| Zielsetzung: | Erleben von Feedback |
| Übungstyp: | Zweier-Gruppenarbeit |
| Dauer: | Zirka 30 Minuten |
| Hilfsmittel: | Keine |
| Ablauf: | Der Trainer gibt den Seminarteilnehmern folgende Übungsanleitung: "Wählen Sie sich einen Partner. Fragen Sie ihn, wie er Sie sich vorstellen würde, wenn Sie eine Farbe wären. Oder ein Land, ein Nahrungsmittel, ein Musikstück, ein berühmter Mensch. Wenn Sie diese Feedbacks erhalten haben, beschäftigen Sie sich damit und tauschen Sie dann die Rollen." Anschließend Diskussion mit dem Partner. |
| Handling: | Fragen zur Diskussion:<br>• Welche Botschaften strahlen Sie aus, die andere veranlassen, Sie so zu sehen?<br>• Welche dieser Botschaften sind einladend? Abwehrend? Demütigend?<br>• Bei welchen Gelegenheiten tragen Sie ein anderes Schild als im Augenblick?<br>• Wollen Sie diese Botschaften ausstrahlen? Wenn nicht, was können Sie anders machen? |
| Verwandte Übungen: | "Feedback-Kurzübung" |

# Sich Streicheleinheiten holen  Erleben

| | |
|---|---|
| Zielsetzung: | Erleben der Wirkung von Feedback |
| Übungstyp: | Übung im Plenum |
| Dauer: | Variabel, je nach Teilnehmerzahl |
| Hilfsmittel: | Keine |
| Ablauf: | Ein Teilnehmer steht in der Mitte der Gruppe und holt sich von den übrigen Mitgliedern Streicheleinheiten seiner Wahl. |
| | Er braucht sich dabei nicht zu bedanken, wenn er nicht möchte. |
| | Jeder, der in der Mitte steht, sollte genügend Zeit haben, die Streicheleinheiten in vollen Zügen zu genießen. |
| | Erlaubt ist auch, sich Streicheleinheiten besonderer Art zu holen, zum Beispiel eine Umarmung oder ein Kompliment. |
| | Anschließend Diskussion. |
| Handling: | Fragen zur Diskussion: |
| | ● Welche Gefühle hatten Sie vor, während und nach dieser Übung? |
| | ● Was hat Sie eventuell blockiert oder wo waren Sie sich selbst im Weg? |
| | ● Wofür bekommen Sie am liebsten Streicheleinheiten? |
| Verwandte Übungen: | Keine |

# Feedback-Kurzübung

Erleben

| | |
|---|---|
| Zielsetzung: | Erleben der Wirkung von Feedback |
| Übungstyp: | Zweier-Gruppenarbeit mit Rollentausch und anschließendem Gespräch |
| Dauer: | Zirka 20 Minuten |
| Hilfsmittel: | Keine |
| Ablauf: | Der Trainer gibt den Teilnehmern folgende Übungsanleitung: |

"Teilen Sie einem Gesprächspartner drei Eigenschaften oder Fähigkeiten mit, die Sie an sich mögen. Der Partner soll diese Eigenschaften dann auf folgende Weise rückformulieren. Beispiel:

"Peter, ich finde es toll zu hören, daß Du ein guter Redner bist."

Achten Sie dabei auf Ihre Gefühle. Tauschen Sie die Rollen und geben Sie sich gegenseitig Feedback."

Gemeinsame Diskussion.

Handling: Fragen zur Diskussion:
- Bis zu welchem Grade konnten Sie das über sich Gesagte auch wirklich akzeptieren?
- Wie haben Sie sich während dieser Übung gefühlt?
- Wie reagieren Sie normalerweise auf ein derartiges Feedback?

Verwandte Übungen: "Schild auf der Brust"

# Schuhspiel

Erleben

| | |
|---|---|
| Zielsetzung: | Klärung des Beziehungsaspekts<br>Erleben der Wirkung von Feedback<br>Auf spielerische Art Feedback vermitteln |
| Übungstyp: | Übung im Plenum |
| Dauer: | Zirka 20 Minuten |
| Hilfsmittel: | Keine |
| Ablauf: | Die Teilnehmer ziehen ihre Schuhe aus und stellen sie so in den Raum, daß durch die unterschiedlichen Stellungen der Schuhe zueinander Beziehungen ausgedrückt werden.<br><br>Die Schuhe dürfen aus einer ersten Position heraus nach Belieben umgestellt und verrückt werden, die Teilnehmer können mit ihren Schuhen also wie bei einem Brettspiel bestimmte Züge ausführen.<br><br>Wenn alle Schuhpaare ihre endgültige Position haben, setzen sich die Teilnehmer wieder auf ihre Plätze und lassen das Bild auf sich wirken.<br><br>Anschließend gemeinsame Diskussion. |
| Handling: | Bei dieser Übung sollten alle Teilnehmer mitmachen, günstig ist eine Gruppengröße von sechs bis acht Personen.<br><br>Eine gute Atmosphäre in der Gruppe ist für das Gelingen der Übung von Vorteil. |
| Verwandte Übungen: | Keine |

# Individuelle
# Feedback-Bedingungen

Erkennen
Allgemein

| | |
|---|---|
| Zielsetzung: | Erkennen, Analysieren und Beeinflussen des eigenen Feedback-Verhaltens |
| Übungstyp: | Einzelarbeit mit anschließender Diskussion |
| Dauer: | Zirka 60 Minuten |
| Hilfsmittel: | Vorlage (siehe nächste Seite), Schreibmaterial |
| Ablauf: | Arbeiten mit der Vorlage. Wahlweise Diskussion in Zweier-, Kleingruppen oder im Plenum. |
| Handling: | Fragen zur Diskussion: <br>• Was haben Sie über sich erfahren? <br>• Was möchten Sie gern anders machen? <br>• Was wäre die nächste Gelegenheit, wo Sie dies tun können? |
| Verwandte Übungen: | "Persönliches Feedback-Diagramm" <br> "Beachtungsverhalten" |

# Individuelle Feedback-Bedingungen

1. Wie zeigen Sie jemand, daß Sie Ihre Aufmerksamkeit auf ihn richten? Was sagen oder tun Sie?

2. Wovon machen Sie abhängig, daß Sie Feedback geben? Welche Voraussetzungen und Bedingungen müssen erfüllt sein, bevor Sie jemand Feedback geben?

   Bei positivem Feedback?:

   Bei negativem Feedback?:

3. Was hält Sie möglicherweise davon ab, im konkreten Fall positives Feedback zu geben?

4. Was hält Sie möglicherweise davon ab, im konkreten Fall negatives Feedback zu geben?

5. Welche Streicheleinheiten geben Sie am liebsten? Wem? Wofür? Für welchen Ich-Zustand sind diese in der Regel bestimmt?

# Individuelle Feedback-Bedingungen    Seite 2

6. Welche Streicheleinheiten bekommen Sie am liebsten? Von wem? Wofür? Auf welche würden Sie am liebsten verzichten?

   _____
   _____

7. Was müßte man bei Ihnen ansprechen, um noch mehr positive/ negative Streicheleinheiten zu erhalten?

   _____
   _____

8. Welche Leute akzeptieren Sie?

   _____
   _____

9. Von welchen Leuten werden Sie akzeptiert?

   _____
   _____

10. Wie fühlen Sie sich, wenn Sie mit diesen Leuten zusammen sind?

    _____
    _____

11. Wie könnten Sie von anderen noch mehr Streicheleinheiten bekommen?

    _____
    _____

12. Welche alten, eingefahrenen Verhaltensweisen müßten Sie dann ändern?

    _____
    _____

# Persönliches
# Feedback-Diagramm

Erkennen
Allgemein

---

| | |
|---|---|
| Zielsetzung: | Erkennen und analysieren des eigenen Feedback-Verhaltens |
| Übungstyp: | Einzelarbeit mit anschließender Diskussion |
| Dauer: | Zirka 30 Minuten |
| Hilfsmittel: | Diagramm (siehe nächste Seite), Schreibmaterial |
| Ablauf: | Arbeiten mit dem Diagramm.<br>Wahlweise Auswertung und Diskussion in Zweier-, Kleingruppen oder im Plenum. |
| Handling: | Das Diagramm kann sowohl auf den privaten Bereich, als auch auf das berufliche Umfeld bezogen werden.<br>Fragen zur Diskussion:<br>• Sind Sie mit Ihrem Diagramm zufrieden?<br>• Wo sehen Sie eine Möglichkeit, etwas zu ändern? |
| Verwandte Übungen: | "Individuelle Feedback-Bedingungen"<br>"Beachtungsverhalten" |

# Persönliches Feedback-Diagramm

Versuchen Sie bitte, in das untenstehende Diagramm Ihre Schätzungen hinsichtlich Ihres Feedback-Verhaltens einzutragen.

|  | Geben von positivem Feedback | Akzeptieren von positivem Feedback | Verlangen von positivem Feedback | Verweigern von positivem Feedback |
|---|---|---|---|---|
| immer <br> sehr häufig <br> häufig <br> manchmal <br> selten <br> nie |  |  |  |  |
|  | Geben | Akzeptieren | Verlangen | Verweigern |
| nie <br> selten <br> manchmal <br> häufig <br> sehr häufig <br> immer |  |  |  |  |
|  | Geben von negativem Feedback | Akzeptieren von negativem Feedback | Verlangen von negativem Feedback (direkt oder indirekt) | Verweigern von negativem Feedback |

# Streicheleinheiten

Erkennen
Allgemein

| | |
|---|---|
| Zielsetzung: | Erkennen eigener Feedback-Verhaltensmuster |
| Übungstyp: | Phantasiereise, anschließend Zweiergruppen |
| Dauer: | Zirka 30 Minuten |
| Hilfsmittel: | Keine |
| Ablauf: | Der Trainer gibt den Teilnehmern folgende Übungsanleitung: |

"Schließen Sie Ihre Augen, wenn Sie möchten und denken Sie an Ihre Kindheit zurück ... Lassen Sie den Film Ihres Lebens rückwärts laufen ... Was waren die ersten positiven Streicheleinheiten, an die Sie sich erinnern können ..? Was waren die ersten negativen Streicheleinheiten, an die Sie sich erinnern können ..? Was haben Sie danach getan ..? Was hat die betreffende Person, von der Sie die Streicheleinheiten erhielten, gesagt oder getan ..? Fahren Sie in Ihrem Lebensfilm wieder vor ... Wie ist das in Ihrem jetzigen Leben ..? Welche Wege gehen Sie, um Streicheleinheiten zu bekommen ..? Wann verteidigen Sie welche ..? Bekommen Sie dann auch Streicheleinheiten ..? Öffnen Sie nun Ihre Augen und erzählen Sie einem Partner, was Sie herausgefunden haben ...

Handling:

Fragen zur Diskussion:
- Was haben Sie über sich erfahren?
- Welche Feedback-Verhaltensmsuter haben Sie bei sich erkannt?

Auf lange Pausen beim Vorlesen achten!

Verwandte Übungen: Keine

# Discounting

**Erkennen**
**Allgemein**

| | |
|---|---|
| Zielsetzung: | Sich eigener Abwertungen bewußt werden |
| Übungstyp: | Einzelarbeit mit anschließender Diskussion |
| Dauer: | Zirka 40 Minuten |
| Hilfsmittel: | Vorlage (siehe nächste Seite), Schreibmaterial |
| Ablauf: | Arbeiten mit der Vorlage.<br>Wahlweise Diskussion in Kleingruppen oder im Plenum. |
| Handling: | Fragen zur Diskussion:<br>• Was haben Sie über sich erfahren?<br>• Welchen Ursprung könnten Ihre Selbstabwertungs-Muster haben?<br>• Welche Spiele lösen Sie in der Regel mit Ihrem Verhalten aus? |
| Verwandte Übungen: | Keine |

# Discounting

1. Denken Sie an eine Zeit, wo Sie privat oder beruflich deutliche Gefühle des Unbehagens oder Ärgers hatten. Wie war die Situation?
   _____
   _____

2. Was war Ihrer Meinung nach für Ihr damaliges Unwohlsein verantwortlich?
   _____
   _____

3. Wurden Sie in dieser Situation von jemandem herabgesetzt oder haben Sie sich selbst herabgesetzt? Wenn ja, wie?
   _____
   _____

4. Was könnte sich hinter dieser Selbst- oder Fremdabwertung verbergen? Ein Spiel? Welches?
   _____
   _____

5. Wann haben Sie das Gefühl, daß ein anderer Sie übergeht? Was sagt er oder sagt er nicht? Wie verhält er sich?

   - Situation:
   - Worte:
   - Verhalten:

# Discounting

Seite 2

6. Wann setzt sich Ihrer Meinung nach jemand selbst vor anderen herab? Was sagt er? Wie verhält er sich?

   - Situation:
   - Worte:
   - Verhalten:

7. Welche Selbstabwertungsmuster sind in Ihrer alltäglichen Umgebung üblich?

8. Wie reagieren Sie, wenn Sie Dank oder ein Kompliment von anderen nicht akzeptieren?

9. Was erreichen Sie eventuell mit diesem Verhalten?

10. Was könnten Sie ändern?

# Sign-on-the-back

**Geben und Annehmen**

| | |
|---|---|
| Zielsetzung: | Gegenseitiger Austausch von Feedback |
| Übungstyp: | Übung im Plenum |
| Dauer: | Zirka 30 Minuten |
| Hilfsmittel: | Klebeband, Schreibmaterial |
| Ablauf: | Jedem Teilnehmer wird ein leeres Blatt Papier auf seinen Rücken geklebt. Dann geht jeder ziellos durch den Seminarraum und wer möchte, kann einem anderen Teilnehmer Feedback geben, indem er ihm etwas auf das Blatt an dessen Rücken schreibt. |
| | Mehrere Teilnehmer können einem anderen auf diese Art und Weise Feedback geben. |
| | Nach einer bestimmten Zeit kann jeder seinen eigenen Zettel abnehmen und eventuell Rückfragen stellen, wenn er ein Feedback nicht versteht oder sich nicht erklären kann. |
| Handling: | Diese Übung eignet sich besonders für das Seminarende. |
| | Bei Gruppen, wo die Gefahr besteht, daß verletzendes Feedback kommt, ist es günstig, die Übung mit folgender Einschränkung zu fahren: |
| | Feedback soll nur aus den folgenden drei Ich-Zuständen gegeben werden: |
| | • unterstützendes Eltern-Ich |
| | • Erwachsenen-Ich |
| | • natürliches Kindheits-Ich |
| Verwandte Übungen: | "Schriftliches Feedback" |

# Feedback-Kreis I

**Geben und Annehmen**

| | |
|---|---|
| Zielsetzung: | Geben und Annehmen von Feedback<br>Akzeptieren von positivem und negativem Feedback |
| Übungstyp: | Übung im Plenum |
| Dauer: | Zirka 45 Minuten |
| Hilfsmittel: | Keine |
| Ablauf: | Die Gruppe sitzt kreisförmig angeordnet. Ein Teilnehmer geht außen um den Kreis herum. Geht er in Uhrzeigerrichtung erhält er positives Feedback und umgekehrt negatives Feedback.<br><br>Jeder bestimmt dabei selbst, wie lange er in einer bestimmten Richtung geht, also wieviel positives oder negatives Feedback er hören möchte. |
| Handling: | Diese Übung setzt einen Trainer mit therapeutischen Fähigkeiten voraus.<br><br>Es ist sinnvoll, diese Übung zu machen, wenn sich die Teilnehmer bereits einige Zeit kennen, etwa am Ende eines Seminartages.<br><br>Bei einer größeren Teilnehmerzahl empfiehlt sich die Übung "Feedback-Kreis II". |
| Verwandte Übungen: | "Feedback-Kreis II" |

# Feedback-Kreis II

**Geben und Annehmen**

| | |
|---|---|
| Zielsetzung: | Offenes Geben und Annehmen von positivem Feedback |
| Übungstyp: | Übung im Plenum |
| Dauer: | Je nach Größe der Gruppe bis zu 60 Minuten |
| Hilfsmittel: | Keine |
| Ablauf: | Die Teilnehmer bilden zwei Kreise. Die Mitglieder des ersten Kreises stehen in der Mitte, die Gesichter nach außen gewandt. Der zweite Kreis hat ebensoviele Mitglieder wie der erste, umschließt aber den ersten Kreis so, daß jedes Mitglied aus beiden Kreisen einen Partner hat und sich beide in die Augen sehen können. |
| | Die Mitglieder des inneren Kreises geben nun ihrem jeweiligen Partner im äußeren Kreis positives Feedback. Der äußere Kreis bewegt sich dann im Uhrzeigersinn weiter. |
| | Wenn alle Mitglieder des äußeren Kreises positives Feedback erhalten haben, wechseln sie in die Mitte und bilden den inneren Kreis. |
| Handling: | Zur besseren Verdeutlichung kann der Trainer die beiden Kreise anzeichnen. |

Die Übung eignet sich als Seminarabschluß

| | |
|---|---|
| Verwandte Übungen: | "Feedback-Kreis I" |

# Schriftliches Feedback

**Geben und Annehmen**

| | |
|---|---|
| Zielsetzung: | Gegenseitiger Austausch von Feedback |
| Übungstyp: | Übung im Plenum |
| Dauer: | Zirka 60 Minuten |
| Hilfsmittel: | n·(n-1) Kopien des Feedback-Bogens (siehe nächste Seite), Schreibmaterial.    (n = Teilnehmerzahl) |
| Ablauf: | Im Plenum werden gemeinsam Kriterien festgelegt, die in das Feedback eingehen sollen. |
| | Es erhält jeder Teilnehmer soviele Feedback-Bögen, wie Teilnehmer außer ihm in der Gruppe sind. Er trägt die Kriterien ein, füllt seinen Namen und den des Adressaten aus und schreibt zu jedem Kriterium eine Aussage. |
| | Anschließend bekommt jeder Teilnehmer die Bögen, die über ihn ausgefüllt worden sind. |
| Handling: | Beispiele für Kriterien: |

- "Wie ich mit Ihnen zusammengearbeitet habe"
- "Was ich besonders an Ihnen mag"
- "Was ich gerne mit Ihnen unternehmen möchte"

Jeder Teilnehmer hat die Möglichkeit, sich im Gespräch mit der Gruppe genauer nach dem Feedback zu erkundigen.

Da jeder jedem Feedback geben muß, kann diese Übung leicht zwanghaft wirken.

| | |
|---|---|
| Verwandte Übungen: | "Sign-on-the-back" |

# Schriftliches Feedback

An: _____

Von: _____

| Kriterium | Aussage |
|---|---|
| Wie ich mit Ihnen zusammen-gearbeitet habe | |
| Was ich besonders an Ihnen Ihnen mag | |
| Was ich gerne mit Ihnen unternehmen möchte | |
| Weitere Kriterien sollen hier folgen. | |

# Streicheleinheiten-Börse

*Geben und Annehmen*

| | |
|---|---|
| Zielsetzung: | Offenes Geben und Annehmen von Lob und Kritik |
| Übungstyp: | Übung im Plenum (Feedbackrunde) |
| Dauer: | Zirka 45 Minuten |
| Hilfsmittel: | Keine |
| Ablauf: | Jeder Teilnehmer, einschließlich Trainer, gibt sich selbst und anderen nach seiner Wahl positives und negatives Feedback. |
| | Jeder Beitrag bezieht sich immer auf eine Person (einschließlich sich selbst) und wird unkommentiert gegeben. |
| | Die Äußerungen spiegeln die offene Meinung des jeweiligen Streicheleinheitengebers wider. |
| Handling: | Es empfiehlt sich, diese Übung jeweils am Ende eines Seminar-Tages als Feedbackrunde durchzuführen. |
| | Der Trainer verteilt ebenfalls Streicheleinheiten an die Teilnehmer und an sich selbst. |
| | Die Beiträge werden abwechselnd gegeben. Jeder hat Gelegenheit, sich mehrfach zu äußern. |
| Verwandte Übungen: | Keine |

# Feedback-Stuhl

**Geben und Annehmen**

---

| | |
|---|---|
| Zielsetzung: | Akzeptieren von positivem und negativem Feedback |
| Übungstyp: | Übung im Plenum |
| Dauer: | Variabel |
| Hilfsmittel: | Zwei zusätzliche Stühle |
| Ablauf: | In der Mitte des Kreises befinden sich zwei Stühle. |
| | Ein freiwilliger Teilnehmer setzt sich auf einen der beiden leeren Stühle innerhalb der Gruppe. Der linke Stuhl ist der sogenannte "Feedback-Stuhl". Solange er auf diesem Stuhl sitzt, hört er sich passiv das Feedback der Gruppe an. Er darf keinerlei Stellung beziehen. |
| | Die übrigen Teilnehmer äußern sowohl Wertschätzung als auch Kritik. |
| | Der Betreffende kann erst dann konkret Stellung beziehen, wenn er sich in den rechten Stuhl setzt. |
| | Anschließend Diskussion. |
| Handling: | Es geht bei dieser Übung nicht in erster Linie darum, Lob und Tadel auszusprechen, sondern zum Verhalten eines anderen aus subjektiver Sicht Stellung zu beziehen. |
| | Diese Übung ist nicht geeignet für labile Teilnehmer. |
| Verwandte Übungen: | Keine |

# Feedback-Bedingungen
# im Unternehmen

Erkennen
B+0

| | |
|---|---|
| Zielsetzung: | Erkennen und Analysieren von Feedback-Bedingungen im Unternehmen |
| Übungstyp: | Einzelarbeit mit anschließender Diskussion |
| Dauer: | Zirka 60 Minuten |
| Hilfsmittel: | Vorlage (siehe nächste Seite), Schreibmaterial |
| Ablauf: | Arbeiten mit der Vorlage<br>Wahlweise Diskussion in Kleingruppen oder im Plenum |
| Handling: | Fragen zur Diskussion:<br>• Wie können Sie in Ihrem Unternehmen oder dort wo Sie arbeiten dazu beitragen, daß man sich gegenseitig mehr Anerkennung und Beachtung schenkt?<br>• Welchen Stellenwert hat die betriebliche Anerkennung für Sie? |
| Verwandte Übungen: | Keine |

# Feedback-Bedingungen im Unternehmen

Seite 1

1. Denken Sie an eine charakteristische Situation in Ihrem Unternehmen, in Ihrer Abteilung oder Gruppe. Wofür wird man da belohnt?

2. Wofür wird man da bestraft?

3. Weisen Ihre Führungskräfte, Kollegen oder Mitarbeiter Sie häufig auf Schwächen, Fehler oder Unzulänglichkeiten hin und halten Ihre guten Seiten für selbstverständlich? Wenn ja, wie fühlen Sie sich dabei?

4. Übersehen Sie selbst häufig die guten Seiten Ihrer Gesprächspartner und konzentrieren sich vor allem auf ihre Schwächen? Wenn ja, was sind Ihre Gefühle?

5. Wie kommt es zu dem Widerspruch zwischen dem, was Sie glauben und dem, was Sie tun?

6. Welche Selbstzweifel stellen sich bei Ihnen ein, wenn Sie von Ihrem Chef für eine gut erledigte Arbeit gelobt werden?

7. Wie sparsam oder wie großzügig geht man in Ihrem Unternehmen mit Streicheleinheiten um?

8. Wie sparsam oder großzügig gehen Sie am Arbeitsplatz mit Streicheleinheiten um?

9. Denken Sie an einen "schwierigen" Mitarbeiter, mit dem Sie häufiger zu tun haben. Welche Streicheleinheiten geben Sie dieser Person? Wie wirkt dies auf Sie zurück? Was könnten Sie anders machen?

# Feedback-Bedingungen
# im Unternehmen

Seite 2

10. Durch welche Äußerungen von Führungskräften, Kollegen, Mitarbeitern werden Sie in Ihrer Arbeit angespornt? Durch welche werden Sie in Ihrem Handeln blockiert?

11. Denken Sie an eine dienstliche Besprechung aus der letzten Zeit. Wie häufig haben Sie und Ihr Gesprächspartner sich gegenseitig mit Namen angeredet?

12. In welchen Situationen erhalten Sie in Ihrem Unternehmen überhaupt kein Feedback? Wie reagieren Sie darauf?

13. Wann sollte man, Ihrer Meinung nach, einem Mitarbeiter Anerkennung aussprechen?

14. Wann sollte man Ihnen Anerkennung aussprechen?

15. Wie unterscheiden sich die Formen der Anerkennung, die Sie sich wünschen, von denen, die Sie tatsächlich erhalten?

# Beachtungs-Verhalten

Erkennen
B+0

| | |
|---|---|
| Zielsetzung: | Analyse des individuellen Feedback-Verhaltens gegenüber Mitarbeitern und Kollegen |
| Übungstyp: | Einzelarbeit mit anschließender Diskussion |
| Dauer: | Zirka 20 Minuten |
| Hilfsmittel: | Vorlage (siehe nächste Seite), Schreibmaterial |
| Ablauf: | Arbeiten mit der Vorlage.<br>Anschließend gemeinsame Auswertung und Plenumsdiskussion. |
| Handling: | Fragen zur Diskussion:<br>• Wie fühlten Sie sich während dieser Übung?<br>• Was wollen Sie in Zukunft ändern?<br>• Wann können Sie damit beginnen? |
| Verwandte Übungen: | "Individuelle Feedback-Bedingungen" - "Persönliches Feedback-Diagramm" |

# Beachtungs-Verhalten

Tragen Sie bitte die Antworten zu den folgenden Fragen in ein Übersichtsblatt ein.

1. Schreiben Sie drei Personen (Mitarbeiter und Kollegen) auf, mit denen Sie eng zusammenarbeiten.
2. Wann haben Sie zuletzt diesen Personen positives Feedback gegeben?
3. Was war der Grund dafür (Leistung, Anwesenheit, Verhalten, usw.)?
4. Wann haben Sie zuletzt jeder dieser Personen ein negatives Feedback gegeben?
5. Was war der Grund?
6. Wie groß ist der Prozentsatz der positiven und negativen Feedbacks pro pro Person?
7. Neigen Sie dazu, einen bestimmten Ich-Zustand im anderen anzusprechen, wenn Sie positives Feedback geben?
8. Wie verhält sich jede dieser Personen gewöhnlich Ihnen gegenüber?
9. Besteht zwischen Ihrem Feedback und diesen Verhaltensweisen ein Zusammen-Zusammenhang?
10. Welche Ihrer Verhaltensweisen wollen Sie in Zukunft ändern, wenn Sie mit ihnen in Kontakt kommen?

| 1. Person | 2. Positives Feedback | 3. für was? | 4. Negatives Feedback | 5. für was? | 6. % negativ / % positiv | 7. Ich-Zustand | 8. Verhalten Ihnen gegenüber | 9. Zusammenhang | 10. Ihre Verhaltensänderung |
|---|---|---|---|---|---|---|---|---|---|
| | | | | | | | | | |
| | | | | | | | | | |
| | | | | | | | | | |

# Feedback zum Gesprächsverhalten

Erkennen
B+0

| | |
|---|---|
| Zielsetzung: | Geben und Annehmen von Feedback zum Gesprächsverhalten |
| Übungstyp: | Einzel-, dann Zweier-Gruppenarbeit |
| Dauer: | Zirka 30 Minuten |
| Hilfsmittel: | Fragebogen (siehe nächste Seite), Schreibmaterial |
| Ablauf: | Ausfüllen des Fragebogens. Anschließend mit einem Partner gegenseitige Einschätzung und Diskussion sowie Vergleich der Ergebnisse. |
| Handling: | Der Trainer erklärt die Skalen und gibt eventuell ein Beispiel |

Fragen zur Diskussion:

- Wo bestehen Unterschiede zwischen Ihrer eigenen Einschätzung und der Einschätzung durch Ihren Partner? Worauf sind diese Unterschiede Ihrer Meinung nach zurückzuführen?
- An welchen Punkten möchten Sie etwas ändern?

Verwandte Übungen: Keine

# Feedback zum Gesprächsverhalten

Diese Zusammenstellung soll Ihnen helfen, Ihre Wirkung auf andere Menschen besser verstehen zu können. Beurteilen Sie bitte, in welchem Maße die folgenden Aussagen zutreffen und geben Sie einen Zahlenwert zwischen 1 ("trifft nicht zu") und 10 ("trifft voll zu") an.

| Aussagen | So sehe ich mich | So sieht mich der Partner | So sehe ich meinen Partner |
|---|---|---|---|
| 1. Es gelingt mir sehr gut, ein echtes Vertrauensverhältnis zu schaffen. | | | |
| 2. Wenn ich mit jemandem spreche, kann ich mich voll auf ihn konzentrieren und ihm verständnisvoll zuhören. | | | |
| 3. Ich habe ein gutes Einfühlungsvermögen. Es fällt mir nicht schwer, die Gefühle anderer zu verstehen. | | | |
| 4. Ich handle selbstsicher, auch wenn ich meiner Sache nicht ganz sicher bin. | | | |
| 5. Ich bin durch Konflikt und Widerstand gut belastbar. | | | |
| 6. Ich kann andere gut beeinflussen. | | | |
| 7. Beim Kontakt mit anderen bleibe ich zurückhaltend und achte auf Distanz. | | | |
| 8. Ich sage immer offen meine Meinung. | | | |
| 9. Mein Verhalten trägt wesentlich zu einer guten Gesprächsatmosphäre bei. | | | |
| 10. Ich verstehe es gut, meinen Gesprächspartner zu aktivieren. | | | |

# Chinesischer Fächer          Umsetzen

**Zielsetzung:**         Feedback über andere umsetzen können

**Übungstyp:**           Übung im Plenum

**Dauer:**               Ein Durchgang bis zu 60 Minuten

**Hilfsmittel:**         Schreibmaterial

**Ablauf:**              Zwei Gruppenmitglieder verlassen kurz die Gruppe und bestimmen eine Person, die von den anderen erraten werden soll.

Die beiden Mitglieder kehren wieder in die Gruppe zurück und beantworten im Wechsel unabhängig voneinander offene Fragen, die sich auf die gesuchte Person beziehen. Wesentlich ist, daß keine Fragen gestellt werden dürfen, die sich auf Fakten über die Person beziehen, also nachprüfbar sind. Erlaubt sind etwa Fragen der Art: "Wenn die Person ein Rotwein wäre, wie würde sie schmecken?" Die Fragen sollten also eher hypothetischen Charakter haben.

Die Fragen und Antworten werden von einem Protokollanten auf einem in der Mitte gefalteten Blatt Papier mitgeschrieben. Sämtliche Antworten des einen Beantworters stehen links, die des anderen rechts (Chinesischer Fächer).

Wenn genügend Fragen gestellt wurden, wird die Liste vorgelesen und jeder übrige aus der Runde schreibt den Namen der gesuchten Person auf einen Zettel.

Alle Zettel werden vorgelesen und schließlich der Name des Gesuchten enthüllt.

**Handling:**            Die Übung eignet sich als Spiel für den Seminarabend.

Je nach Stimmung der Teilnehmer kann ein weiterer Durchgang gemacht werden.

Der jeweils Gesuchte kann am Ende des Spiels zu den gemachten Äußerungen Stellung nehmen, wenn er möchte.

**Verwandte Übungen:**   Keine

# Übungen zu den Lebenspositionen

| Übung | Seite |
|---|---|
| 1. Auseinandersetzung mit der persönlichen Lebensposition | 245 |
| 2. Positionsverhalten | 248 |
| 3. Lebensposition und Beruf | 250 |
| 4. Einstellung gegenüber Mitarbeitern | 253 |
| 5. Kurzfallstudien zu den Lebenspositionen | 255 |

Die Übungen zum Themenbereich "Lebenspositionen" sind
nach folgenden Kriterien geordnet:

- Übungen zum Analysieren und Beeinflussen von
  Lebenspositionen allgemein

- Übungen zum Analysieren und Beeinflussen von
  Lebenspositionen mit Schwerpunkt Beruf und
  Organisation (B+O)

Der entsprechende Vermerk findet sich auf jedem
Übungsblatt rechts oben.

# Auseinandersetzung mit der persönlichen Lebensposition

Analysieren/
Beeinflussen
Allgemein

| | |
|---|---|
| Zielsetzung: | Auseinandersetzen mit eigenen Einstellungsmustern |
| Übungstyp: | Einzelarbeit |
| Dauer: | Zirka 30 Minuten |
| Hilfsmittel: | Vorlage (siehe nächste Seite), Schreibmaterial |
| Ablauf: | Arbeiten mit der Vorlage.<br>Anschließend eventuell Gespräch mit einem Partner. |
| Handling: | Die Teilnehmer haben die Möglichkeit, sich mit einem Gesprächspartner über die einzelnen Fragen zu unterhalten, wenn sie es wollen; eventuell auch im Plenum, falls gewünscht.<br><br>Falls Sie ein Trainer sind, überlegen Sie sich bitte, wie Sie durch Ihren persönlichen Vortragsstil O.K.- beziehungsweise Nicht-O.K.-Botschaften aussenden. Bis zu welchem Grad geben Sie Ihren Teilnehmern die Gelegenheit, selbständig Verantwortung in der aktuellen Lernsituation zu übernehmen. |
| Verwandte Übungen: | "Positionsverhalten" |

# Auseinandersetzung mit der persönlichen Lebensposition

Seite 1

Denken Sie an die vier Lebenspositionen.

1. Wieviel Zeit, verteilt über einen Tag, verbringen Sie Ihrer Meinung nach in jeder dieser Positionen?
   _____
   _____

2. Bei welchen Gelegenheiten lassen bestimmte Personen oder Gruppen bei Ihnen ein Gefühl der Unterlegenheit (Ich bin nicht o.k. - du bist o.k.) entstehen? Um welche Personen handelt es sich? Wann wird gegebenenfalls aus Ihrem Gefühl der Unterlegenheit ein Gefühl der Überlegenheit?

   Gelegenheiten: _____
   _____

   Personen oder Gruppen: _____
   _____

3. Wann fühlen Sie sich überlegen (Ich bin o.k. - du bist nicht o.k.), wenn Sie mit bestimmten Personen oder Gruppen zusammen sind? Sind Sie sich bestimmter Gesten, Haltungen oder Wörter bewußt, die Sie in diesen Situationen verwenden? Wie geben Sie sich diesen Personen gegenüber? Wann wird gegebenenfalls diesen Personen gegenüber aus dem Überlegenheitsgefühl ein Unterlegenheitsgefühl?

   Situationen: _____
   _____

   Personen oder Gruppen: _____
   _____

   Haltungen, Gesten, Wörter: _____
   _____

# Auseinandersetzung mit der persönlichen Lebensposition

Seite 2

4. Wann, wo und mit welchen Personen haben Sie am ehesten das Gefühl "Ich bin o.k. - du bist o.k."?

   Wann: _____

   _____

   Wo: _____

   _____

   Mit wem: _____

   _____

5. Womit könnten Sie diese Position noch stärken?

   _____

6. Wann, wo und mit welchen Personen haben Sie am ehesten das Gefühl "Ich bin nicht o.k. - du bist o.k."?

   Wann: _____

   _____

   Wo: _____

   _____

   Mit wem: _____

   _____

7. Was hält Sie eigentlich davon ab, sich selbst und andere o.k. zu sehen?

   _____

   _____

8. Wie können Sie Ihr Erwachsenen-Ich benutzen, um "nicht-o.k."-Situationen und entsprechende Gefühle zu minimieren?

   _____

   _____

# Positionsverhalten

Analysieren/
Beeinflussen
Allgemein

Zielsetzung: Sich über eigene Verhaltensweisen bei unterschiedlichen Lebenspositionen klar werden

Übungstyp: Einzelarbeit mit anschließender Diskussion

Dauer: Zirka 40 Minuten

Hilfsmittel: Schema (siehe nächste Seite), Schreibmaterial

Ablauf: Jeder Teilnehmer stellt sich selbst in jeder der vier Lebenspositionen vor und beantwortet die entsprechenden Fragen im Schema.
Diskussion in Kleingruppen oder im Plenum.

Handling: Fragen zur Diskussion:
- In welche Lebensposition konnten Sie sich am besten hineinversetzen?
- In welche Lebensposition konnten Sie sich am schlechtesten hineinversetzen?
- Mit welcher Einstellung haben Sie bisher am meisten erreicht? Warum?

Verwandte Übungen: "Auseinandersetzung mit der persönlichen Lebensposition"

# Positionsverhalten

| Verhaltensweise | Ich bin o.k. du bist o.k. | Ich bin o.k. du bist nicht o.k. | Ich bin nicht o.k. du bist o.k. | Ich bin nicht o.k. du bist nicht o.k. |
|---|---|---|---|---|
| Wie zeigt jemand einem anderen, daß er ihn beachtet? | | | | |
| Welche Formen der Beachtung würde ich von jemand anderem annehmen? | | | | |
| Wie trifft jemand Entscheidungen? | | | | |
| Wie geht jemand mit Konflikten um? | | | | |
| Wenn jemand diese Haltung einnimmt, welchen Einfluß hat das auf die Motivation seiner Mitarbeiter? | | | | |
| Was würde jemand tun, wenn er einen Rat oder eine Unterstützung bräuchte? | | | | |
| Welche Gefühle hat jemand, wenn er diese Haltung einnimmt? | | | | |

In welchen Lebenspositionen befinde ich mich vorzugsweise?

_____

_____

Wo fühle ich mich betroffen?

_____

_____

Welche Lebensposition überwiegt?

_____

Welches Gefühl habe ich dabei?

_____

_____

# Lebensposition und Beruf

Analysieren/
Beeinflussen
B+O

| | |
|---|---|
| Zielsetzung: | Analysieren und Beeinflussen der eigenen Lebensposition im Beruf. Anstoß zu mehr persönlicher Autonomie im Beruf. Lernen wie ein Gewinner zu denken und handeln. |
| Übungstyp: | Einzelarbeit mit anschließender Diskussion |
| Dauer: | Zirka 60 Minuten |
| Hilfsmittel: | Vorlage (siehe nächste Seite), Schreibmaterial |
| Ablauf: | Arbeiten mit der Vorlage. Gemeinsame Diskussion in Kleingruppen oder im Plenum. |
| Handling: | Fragen zur Diskussion: <br> • Welche Definition für O.K.-Sein im Beruf haben Sie für sich gefunden? <br> • Was möchten Sie ändern? |
| Verwandte Übungen: | "Einstellung gegenüber Mitarbeitern" - "Kurzfallstudien zu den Lebenspositionen" |

# Lebensposition und Beruf      Seite 1

1. In welchen beruflichen Situationen fühlen Sie sich o.k. und in welchen nicht o.k.?

   Situationen, in denen ich mich o.k. fühle: _____
   _____

   Situationen, in denen ich mich nicht o.k. fühle: _____
   _____

2. Was sind Gründe dafür, daß Sie sich in bestimmten beruflichen Situationen nicht o.k. fühlen?
   _____

3. Üben Sie in Ihrem Unternehmen, in Ihrer Abteilung oder Gruppe eher O.K.- oder eher Nicht-O.K.-Positionen aus?
   _____

4. Wie könnten Sie aus einer Nicht-O.K.-Aufgabe eine O.K.-Aufgabe machen?
   _____

5. Welche Spiele spielen Sie, damit Sie Ihre Lebenspositionen bestätigt bekommen?
   _____

6. In welcher Beziehung steht Ihr persönlicher Führungsstil zu Ihrer Lebensposition?
   _____

# Lebensposition und Beruf

7. Denken Sie an einen Mitarbeiter, der mit einer Nicht-O.K.-Einstellung arbeitet. Inwieweit könnte das etwas mit Ihrer Art des Führens zu tun haben? Welche Nicht-O.K.-Botschaften übermitteln Sie ihm gegebenenfalls?

   _____

8. Welche O.K.-Botschaften übermitteln Sie Ihrem Mitarbeiter?

   _____

9. Wie müssen Mitarbeiter Ihrer Meinung nach denken, fühlen und handeln, damit Sie in Ihren Augen o.k. sind?

   _____

10. Was könnten Sie tun, damit Sie sich am Arbeitsplatz o.k. fühlen?

    _____

11. Wann könnten Sie frühestens damit anfangen?

    _____

# Einstellung gegenüber Mitarbeitern

Analysieren/
Beeinflussen
B+O

| | |
|---|---|
| Zielsetzung: | Überprüfung der eigenen Einstellung gegenüber Mitarbeitern<br>Möglichkeiten finden, wie man eine realistische +/+ Position erreicht |
| Übungstyp: | Einzelarbeit mit anschließender Diskussion |
| Dauer: | Zirka 30 Minuten |
| Hilfsmittel: | Vorgedruckte Seminarunterlagen (siehe nächste Seite), Schreibmaterial |
| Ablauf: | Arbeiten mit der Unterlage.<br>Anschließend Diskussion in Kleingruppen oder im Plenum. |
| Handling: | Diese Übung ist in bezug auf jede beliebige Zielgruppe durchführbar (Kollegen, Führungskräfte, Kunden, Verkäufer)<br><br>Fragen zur Diskussion:<br>• Welchen Einfluß haben Sie mit Ihrer Lebenseinstellung auf Ihre Mitarbeiter?<br>• Welcher Zusammenhang besteht zwischen Ihrer Lebenseinstellung und Ihrem Führungsstil? |
| Verwandte Übungen: | "Lebensposition und Beruf" - "Kurzfallstudien zu den Lebenspositionen" |

# Einstellung gegenüber Mitarbeitern

Denken Sie bitte an drei Personen, mit denen Sie beruflich häufig Kontakt haben und zu denen Ihr Verhältnis nicht ganz unbelastet ist.

1. Welche Einstellungen haben Sie zu diesen Personen?
   _____
   _____
   _____

2. Welche Einstellungen haben Sie dabei sich selbst gegenüber?
   _____
   _____
   _____

3. Wie, in welchen Situationen zeigt sich das?
   _____
   _____
   _____

4. Welche konkreten Möglichkeiten haben Sie gegenüber diesen Personen, eine Lebensposition "Ich bin o.k. - du bist o.k." realistisch zu erreichen?
   _____
   _____
   _____

# Kurzfallstudien zu den Lebenspositionen

Analysieren/
Beeinflussen
B+O

| | |
|---|---|
| Zielsetzung: | Kennenlernen von unterschiedlichen Verkäufereinstellungen<br>Analysieren der Hintergründe bestimmter Verhaltensweisen |
| Übungstyp: | Kleingruppenarbeit |
| Dauer: | Zirka 60 Minuten |
| Hilfsmittel: | Unterlagen (siehe nächste Seite), Schreibmaterial |
| Ablauf: | Durchlesen der Texte<br>Bearbeitung der Frage in der Kleingruppe<br>Gemeinsame Diskussion |
| Handling: | Die Kurzfallstudien sind auf Verkäufer zugeschnitten und können entsprechend für andere Zielgruppen (z. B. Führungskräfte, Sachbearbeiter, Meister etc.) modifiziert werden.<br><br>Die in den Kleingruppen gesammelten Stellungnahmen können von einzelnen Gruppenmitgliedern im Plenum präsentiert werden.<br><br>Damit diese Übung nicht im unverbindlichen Beschreiben steckenbleibt, lohnt es sich, Kurzrollenspiele durchzuführen, um das Beeinflussen von Lebenspositionen auszuprobieren. |
| Verwandte Übungen: | "Lebensposition und Beruf" - "Einstellung gegenüber Mitarbeitern" |

# Kurzfallstudien zu den Lebenspositionen

Nachfolgend finden Sie Informationen über vier verschiedene Verkäufer. Diese Informationen bestehen aus Selbstaussagen. Sie sollen Ihnen helfen, sich ein Bild davon zu machen, welche Einstellung der Verkäufer zu sich selbst und anderen hat.

Wir möchten Sie daher bitten, nach der Lektüre der Texte, zu folgenden Fragen Stellung zu nehmen:

1. Welche Einstellung hat der Verkäufer zu sich selbst?

2. Welche Einstellung hat er zu anderen?

3. Aus welchen Ich-Zuständen handelt er vornehmlich?

4. Welche Rolle spielt er (Opfer, Retter, Verfolger)?

5. In welchen Situationen fühlt er sich bestätigt?

6. Wie wird er auf Anerkennung reagieren?

7. Wie wird er auf Kritik reagieren?

8. In welchen Situationen bestätigt er andere, sei es anerkennend oder kritisierend?

9. Welche Eltern-Botschaften hat er möglicherweise mit auf den Weg bekommen?

10. Wie reagiert die Umwelt (Vorgesetzte, Kollegen, Kunden etc.) wahrscheinlich auf seine Einstellung?

# Kurzfallstudien zu den
# Lebenspositionen

Seite 2

Mit Ausnahme des Verkäufers 4:

11. In welche Rollen gehen andere dabei wahrscheinlich?

12. Was können Sie daher unternehmen, um mit diesem Verkäufer konstruktiver zusammenzuarbeiten?

Verkäufer 1:

- "Wenn der Kunde das Produkt gebrauchen kann, wird er es kaufen, wenn nicht, da kann man nicht viel machen. Ich liefere ihm einige Informationen, und dann ist er an der Reihe."

- "Was soll ich dem Kunden über Anwendungsbereiche unserer Produkte erzählen, wenn er selbst nicht weiß, was er braucht."

- "Da bin ich gezwungen, stundenlang mit Anwendungstechnikern zu verhandeln, obwohl die Einkaufsentscheidung vom Einkauf getroffen wird."

- "Die Feilscherei um den Preis macht mich noch ganz kaputt. Aber was will man machen, meine Gesprächspartner stehen genauso unter Druck wie ich."

- "In meiner Branche kann man hinschauen, wo man will, überall wird mit denselben faulen Tricks gearbeitet."

# Kurzfallstudien zu den Lebenspositionen

Seite 3

**Verkäufer 2:**

- "Mit welchen Amateuren man es manchmal beim Kunden zu tun hat, ist kaum zu glauben."

- "Und wenn der Kunde meine Fragen oft genug mit "Ja" beantwortet hat, dann packe ich ihn und dann gibt es bei mir kein Entrinnen mehr."

- "Sehen Sie, da braucht man auf der Baustelle nur mal einen Kasten Bier springen lassen und dann hat man die Burschen in der Tasche."

- "Die meisten Reklamationen sind doch nur fauler Zauber, um Nachlässe herauszuschinden."

- "Wenn der Kunde alles für bare Münze nimmt, was ich sage, dann ist das seine Schuld. Schließlich sind wir hier nicht in der Bibelstunde, sondern ich will Geschäfte machen."

**Verkäufer 3:**

- "Der Wettbewerb liegt mit seinen Preisen einfach günstiger. Da liegt es nur auf der Hand, daß der Kunde dort kauft."

- "Wenn der Kunde wieder mit Liefertermin-Überschreitungen anfängt, was soll ich ihm dazu sagen - er hat ja recht."

- "Wie man von Kunden manchmal behandelt wird - aber vielleicht habe ich auch manchmal ein zu unsicheres Auftreten und fordere das geradezu heraus."

- "Wenn ich Ziegel verkaufen würde, ja dann könnte ich auch auf interessante Umsatzgrößen kommen."

# Kurzfallstudien zu den
# Lebenspositionen

Verkäufer 4:

- "Im Endeffekt kann ich auch in Fällen, wo was danebengegangen ist, mit jedem Kunden reden. Ich habe noch keinen getroffen, wo mir das nicht möglich gewesen wäre."

- "Natürlich versuchen die Kunden, den Preis zu drücken, aber dafür bin ich ja auch Verkäufer und nicht Verwaltungsangestellter geworden."

- "Für mich ist das Wichtigste ein guter Kontakt zum Kunden."

- "Wenn ich mir die Kunden ansehe, mit denen ich es zu tun habe, bin ich zufrieden und glaube, sie sind es auch mit mir."

# Muster für Änderungsverträge

# Änderungsvertrag

| | |
|---|---|
| Zielsetzung: | Abbau von destruktiven Verhaltensweisen, Einstellungen und Gefühlen.<br>Lernen, Verantwortung für sich selbst zu übernehmen<br>Ein neues Selbstverständnis gewinnen. |
| Übungstyp: | Einzelarbeit |
| Dauer: | Bis zu 60 Minuten |
| Hilfsmittel: | Eventuell schriftliche Vertragsvorlage (siehe nächste Seite), Schreibmaterial |
| Ablauf: | Arbeiten mit dem Vertrag |
| Handling: | Die von uns vorgeschlagenen Vertragsvorlagen sind als Beispiel gedacht und von daher entsprechend modifizierbar.<br>Der Trainer kann am Ende eines Seminars Hilfestellung bei einem exemplarischen Vertragsabschluß eines freiwilligen Teilnehmers geben, indem er die einzelnen Punkte mit ihm durchgeht. |
| Verwandte Übungen: | Keine |

# Änderungsvertrag

Änderungsverträge sind Aktionspläne zur Veränderung von Gefühlen, Einstellungen oder Verhaltensweisen, die man mit sich selbst abschließt.

1. Was will ich wirklich ändern?
   ( Eine, maximal zwei Änderungen sind völlig ausreichend. )

   Fragen Sie sich:
   - Warum habe ich mein bisheriges Verhalten gezeigt?
   - Welche Vorteile brachte es mir?
   - Welche Gründe werde ich finden, um mein Verhalten nicht ändern zu müssen?

2. Welche konkreten Maßnahmen will ich in diesem Zusammenhang ergreifen?

   Fragen Sie sich:
   - Wo und in welchen Situationen kann ich die Änderung erproben?
   - Bei welchen Personen wird mir das neue Verhalten besonders leicht, bei welchen besonders schwer fallen?

3. Bis wann?
   ( Wir empfehlen Ihnen eine Frist von zwei Wochen, nach der Sie sich erstmals fragen können, ob Sie sich geändert haben. )

4. Wie gut habe ich meinen Vertrag erfüllt?
   ( Nach Ablauf der Frist können Sie sich diese Frage stellen. Haben Sie ihn ehrlich erfüllt, gratulieren wir Ihnen. Wenn nicht, woran lag es? )

# Änderungsvertrag

1. Was will ich wirklich ändern?

2. Was will ich in Zukunft nicht mehr machen?

3. Welche psychologischen Vorteile habe ich aus meinem bisherigen Gefühl, meiner bisherigen Einstellung, meinem bisherigen Verhalten?

4. Wie kann ich diese Vorteile auch durch ein anderes Gefühl, eine andere Einstellung, ein anderes Verhalten haben?

5. Was tue ich, um dieses Ziel zu erreichen?

6. Woran merken die anderen, daß ich mich geändert habe?

7. Wie werde ich mich möglicherweise selbst überlisten, um den Vertrag nicht erfüllen zu müssen?

8. Welche Schwierigkeiten sind von anderer Seite zu erwarten?

9. Termin für eine erste Überprüfung des Änderungsvertrages:

10. Wie werde ich mich selbst belohnen, wenn ich den Vertrag erfüllt habe?

# Register                                                           Seite

## A
| | |
|---|---:|
| Alter-Ego-Spiel | 158 |
| Analyse von Spielen in der Organisation | 172 |
| Änderungsverträge | 262 |
| Angebote | 170 |
| Angepaßtes Kind | 50 |
| Anstrengung | 114 |
| Ärgermarken | 192 |
| Aufstehen | 63 |
| Auseinandersetzung mit der persönlichen Lebensposition | 245 |
| Ausschalten eines Ich-Zustandes | 35 |

## B
| | |
|---|---:|
| Beachtungsverhalten | 237 |
| Beenden von psychologischen Spielen | 180 |
| Berufliches Problem | 132 |
| Blitzlicht | 213 |

## C
| | |
|---|---:|
| Chinesischer Fächer | 241 |

## D
| | |
|---|---:|
| Den anderen aus dem kritischen Eltern-Ich herausholen | 77 |
| Den anderen dazu bringen, etwas zu tun | 64 |
| Den anderen zum Lachen bringen | 51 |
| Den besten Witz auswählen | 52 |
| Discounting | 224 |
| Diskussion über ein Nonsens-Thema | 53 |
| Doppelschneemann | 46 |

## E

| | |
|---|---|
| Eigene Beziehung zu den Ich-Zuständen klären | 65 |
| Eine gemeinsame Vergnügung planen | 54 |
| Ein Lied singen | 55 |
| Einstellung gegenüber Mitarbeitern | 253 |
| Einüben von Transaktionen im Rollenspiel | 144 |
| Elternreaktionen | 33 |

## F

| | |
|---|---|
| Feedback-Bedingungen im Unternehmen | 234 |
| Feedback-Kreis I | 228 |
| Feedback-Kreis II | 229 |
| Feedback-Kurzübung | 216 |
| Feedback-Stuhl | 233 |
| Feedback zum Gesprächsverhalten | 239 |
| Fehler und innerer Dialog | 134 |
| Feiertag | 56 |
| Festgenagelt | 159 |
| Freudemarken | 197 |

## G

| | |
|---|---|
| Gefühle und Rollen | 92 |
| Gesprächsfall-Studie | 38 |

## H

| | |
|---|---|
| Häufige Transaktionstypen mit Mitarbeitern | 146 |
| Heißer Stuhl | 136 |

## I

| | |
|---|---|
| Ich sehe - ich stelle mir vor | 202 |
| Ich-Zustände und Kollegen | 75 |
| Ich-Zustände und Problemlösung | 78 |
| Ich-Zustands-Äußerungen | 73 |
| Ich-Zustands-Fragebogen | 40 |

## I (Fortsetzung)

| | |
|---|---:|
| Ich-Zustands-Reaktionen | 80 |
| Ich-Zustands-Rollenspiel | 66 |
| Individuelle Feedback-Bedingungen | 218 |
| Individuelle Normen im Beruf | 97 |
| In sich hinein hören | 137 |

## J-K

| | |
|---|---:|
| Karriere-Skript | 101 |
| Kooperation und Kommunikation im Beruf | 76 |
| Kurzfallstudien zu den Lebenspositionen | 255 |

## L

| | |
|---|---:|
| Lebensbühne | 118 |
| Lebensposition und Beruf | 250 |

## M

| | |
|---|---:|
| Märtyrer | 105 |
| Maske | 104 |
| Meine fünf wichtigsten Erwartungen | 26 |
| Miniskript | 111 |
| Mitarbeiter finde ich gut, wenn sie... | 62 |

## N

| | |
|---|---:|
| Namen langsam aufschreiben | 28 |
| Name und Identität | 87 |
| Noch einmal drei Jahre alt sein | 57 |
| Normen für Seminarteilnehmer | 25 |

## O-P

| | |
|---|---:|
| Persönliches Feedback-Diagramm | 221 |
| Persönliche Skriptanalyse | 108 |
| Persönliches Rollenbuch und Feedback-Verhalten | 99 |
| Persönliche Zeitstrukturierung | 206 |
| Positionsverhalten | 248 |

## P (Fortsetzung)

| | |
|---|---|
| Prahlen | 88 |
| Präsentation | 58 |
| Problemlösung | 82 |
| Problemlösung nach Ich-Zuständen | 67 |
| Problemsituation und innerer Dialog | 127 |
| Produktive und unproduktive Transaktionen mit Kollegen | 148 |
| Pro und Contra | 178 |
| Psychologisches Spiel als Rollenspiel | 177 |

## Q-R

| | |
|---|---|
| Rabattmarken-Kette | 195 |
| Rabattmarken und Rollenspiel | 191 |
| Regisseur | 116 |
| Rituale | 204 |
| Rollenbuch der Organisation | 120 |
| Rollenspiel I | 107 |
| Rollenspiel II | 141 |
| Rollenspiel mit Szenenvorgabe | 91 |
| Rundschreiben | 36 |

## S

| | |
|---|---|
| Sammeln und Einlösen von Rabattmarken | 185 |
| Schild auf der Brust | 214 |
| Schneemann | 45 |
| Schriftliches Feedback | 230 |
| Schuhspiel | 217 |
| Selbstbeobachtung | 34 |
| Selbsttest "Ich-Zustände" | 47 |
| Sich Streicheleinheiten holen | 215 |
| Sign-on-the-back | 227 |
| Spiegelbild | 29 |
| Spiele erkennen und beenden | 183 |
| Spiel mit psychologischen Rollen | 115 |
| Spielplan | 167 |

## S (Fortsetzung)

| | |
|---|---:|
| Spielsituation "Opfer-Retter-Verfolger" | 89 |
| Spontaner und offener menschlicher Kontakt | 203 |
| Steckbrief | 23 |
| Streicheleinheiten | 223 |
| Streicheleinheitenbörse | 232 |

## T

| | |
|---|---:|
| Tabus | 174 |
| Trainerspiel | 176 |
| Transaktionen am Arbeitsplatz | 145 |
| Transaktionen analysieren mit Beobachter | 142 |
| Transaktionen in Problemsituationen | 161 |
| Transaktionen nach beteiligten Ich-Zuständen analysieren | 150 |
| Transfer in den beruflichen Alltag | 143 |

## U

| | |
|---|---:|
| Unternehmensprobleme und Ich-Zustände | 68 |
| Urlaub | 181 |

## V

| | |
|---|---:|
| Verdeckte Transaktionen | 156 |
| Vergnüglichste Episode | 59 |
| Vorstellung in Ich-Form | 24 |

## W

| | |
|---|---:|
| Wartespiel | 106 |
| Was dem anderen gut tut | 61 |
| Was ich gerne tue | 60 |
| Was mich am meisten ärgert | 71 |
| Was möchten Sie lernen | 27 |
| Was würden Sie verändern | 70 |
| Wenn ich jung wäre | 72 |
| Wirkung von Korrespondenz | 160 |

| | Seite |
|---|---|

## X-Y-Z
Zeit 201
Zeitstrukturierung der Mitarbeiter 208

Wir sind ein Fachverlag für die Aus- und Weiterbildung. Wir verlegen Literatur, die sich schwerpunktartig mit Methoden der Erwachsenenbildung und andragogischem Basiswissen befaßt. Es ist uns wichtig, Fachbücher für den Praktiker zu veröffentlichen, die fundiertes und unmittelbar umsetzbares Wissen vermitteln. In unseren Büchern finden Sie z.B. Trainingskonzepte, Seminarunterlagen, Lehrsysteme. Hier einige Titel aus unserem Programm:

Jens Uwe Martens
VERHALTEN UND EINSTELLUNGEN ÄNDERN
Veränderung durch gezielte Ansprache des Gefühlsbereiches
Ein Lehrkonzept für Seminarleiter
Neuauflage des Titels „Pädagogisch farbenblind"
351 Seiten, zahlr. Abb.,
ISBN 3-922789-28-5 DM 64,–

C. Lauterburg, E. Ulich, H. Hoyer u.a.
LEISTUNGSRESERVEN AKTIVIEREN
Kommunikationssysteme und ihre Auswirkungen im Unternehmen
254 Seiten, mit zahlr. Abb. DM 52,–
Bestellnummer ISBN 3-922789-13-7

F. Vester, F. Glasl, E. Ulich u.a.
NEUE WEGE DER LEISTUNGSGESELLSCHAFT
Wertwandel und seine praktischen Konsequenzen im Unternehmen.
218 Seiten, zahlr. Abb. DM 52,–
Bestellnummer ISBN 3-922789-08-0

Joachim Dierichs, Berthold Helmes, Einhard Schrader, Walter G. Straub
WORKBOOK
Das Workbook enthält 200 verschiedene Methoden für die Gestaltung von Seminaren in der Erwachsenenbildung: ein Werkzeugkasten der Didaktik, in seiner Vielseitigkeit ein unerschöpflicher Ratgeber des Trainers und Referenten.
1984, 4. überarb. und erw. Auflage, DM 198,–
ISBN 3-922789-12-9

E. Schrader, J. Biehne
AUSWÄHLEN, VERDICHTEN, GESTALTEN – Ein Lernprogramm zur optimalen Gestaltung von Informationen
116 Seiten, mit zahlr. Abb. und Tab.,
1 Zeichenschablone im Buchdeckel eingesteckt, DM 54,–
Bestellnummer ISBN 3-922789-11-2

 Auswählen

 Verdichten

Gestalten

Marianne Riegger
LERNSTATT ERLEBT
Praktische Erfahrungen mit Gruppeninitiativen am Arbeitsplatz
Ein Modell aus der Produktion. 188 Seiten, mit zahlr. Abb. und Tab. DM 39,–
ISBN 3-922789-09-9

Karin Klebert
Einhard Schrader
Walter G. Straub
DIE KURZMODERATION
Anwendung der Moderationsmethode in Betrieb, Schule, Hochschule, Kirche, Politik, Sozialbereich und Familie
160 Seiten, zahlr. Abb.,
ISBN 3-922789-23-4 DM 29,80

Hermann Weber
ARBEITSKATALOG DER ÜBUNGEN UND SPIELE
Ein Verzeichnis von über 800 Gruppenübungen und Rollenspielen
1987, 864 Seiten,
1 herausklappbares Faltblatt, kartoniert DM 98,–
ISBN 3-922789-22-6

K. Biedenkopf, A. Kieser, H. Rieckmann u.a.
ERFOLGSKONZEPTE DER FÜHRUNG
Fallstudien aus Deutschland, Japan und den USA
Band 6 der Reihe „Betriebliche Weiterbildung"
1984, 250 S., DM 52,–
ISBN 3-922789-16-1

Dave Francis, Don Young
MEHR ERFOLG IM TEAM
Ein Trainingsprogramm mit 46 Übungen zur Verbesserung der Leistungsfähigkeit in Arbeitsgruppen
293 Seiten, mit zahlr. Abb., Checklisten, Tab.
ISBN 3-922789-04-8 DM 59,–

Windmühle GmbH · Verlag und Vertrieb von Medien · Hamburg
Postfach 55 10 80 · 2000 Hamburg 55 · Telefon (040) 86 83 07